카카오 이성진 스토리

카카오 이성진 스토리

초판 인쇄 2023년 2월 25일
초판 발행 2023년 3월 02일

지은이 이성진
펴낸이 김기호

펴낸곳 한가람서원
등록 제2-1863호
주소 서울특별시 중구 마른내로 72, 504호
전화 02-336-5695 팩스 | 02-336-5629
전자우편 bookmake@naver.com

ISBN 978-89-90356-51-2 (03300)

• 이 책은 국립중앙도서관 서지정보유통지원시스템 홈페이지(http://seoji.nl.go.kr)와
국가자료종합목록 구축시스템(http://kolis-net.nl.go.kr)에서 이용하실 수 있습니다.

kakao 李成鎭 story

이성진 지음

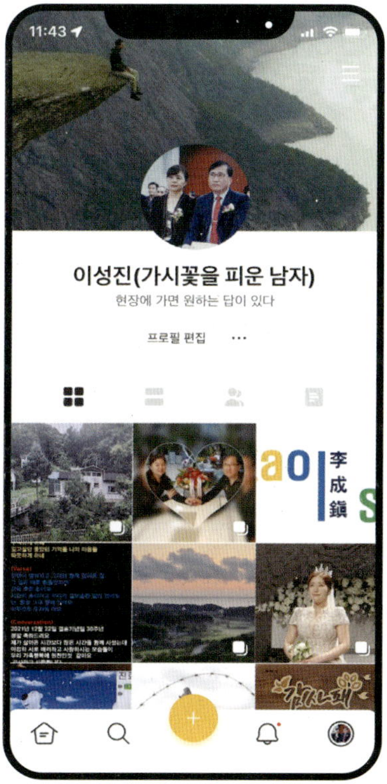

한가람서원

60회, 인생의 나이를 먹다

2022년 3월 봄의 문턱, 환갑을 맞이하는 날이다.
그러니까 1962년 경기도 청평 북한강 줄기 끝자락 양지마을이라는 곳에서 인생의 첫울음을 터트린 지 벌써 만 60회가 되는 날이다.
어느덧 머리카락은 희끗희끗해져 있고 그 머리카락 숫자 또한 많지 않은 것을 보면 그렇게 많은 세월이 흘러갔다는 것을 이제서야 느낄 수가 있다.
'60회 환갑'이라는 생일잔치 상 앞에 준영이, 준석이, 그리고 지금까지 결혼생활 함께해온 동반자 수금씨. 모두가 축하 인사를 나누려고 나를 바라보고 있다.
"아버지 60회 생신을 진심으로 축하드립니다." 듬직한 장남 준영이가 말문을 열었다.
"아빠, 축하드려요. 늘 건강하게 오래도록 우리와 함께 행복하게 지내세요."

60회 환갑기념 삼부자와 함께

호명산(632m) 정상에서

사랑, 행복, 삶의 Energy가 만들어지는 곳, Healing의 공간 "수금터".

그리고 평소 말이 없던 둘째 아들 준석이가 축하 인사를 건네왔다.

언제나 늘 곁에서 버팀목이 되어 왔던 사랑하는 아내 수금씨는 오히려 내게 감사의 인사를 건넨다.

"사랑하는 당신, 고마워요. 그리고 감사해요."

이렇듯 우리 가족은 어느새 나의 버팀목이 되었고, 버팀목이 자라서 숲을 이루고 나의 그늘이 되어 주었다.

이제 내 나이 60을 넘기면서 오랜 나의 꿈 이였던, 힐링의 공간 '수금터'를 공개하고자 한다.

사랑, 행복, 삶의 Energy가 만들어지는 곳, Healing의 공간 수금터.

인생 60회를 맞이하면서, 뒤를 돌아다 보지 않을 수 없다.

나로 인하여 힘들어하고 혹시 마음 아파했던 분들이 있을 것이다. 나도 모르게 그들에게 아픔을 주고 힘들게 하였다면, 그들에게 이젠 따뜻한 마음을 베풀고 함께 말동무가 되고 싶은 것이 인생 60 고개를 넘어가며 남은 인생을 새롭게 출발하고픈 내 마음이다. 늘, 배려하는 마음으로 내 곁에서 나의 버팀목이 되어주었던 수금씨의 마음 또한 그렇다.

수금터, 사랑하는 아내 수금씨를 위한 공간으로 탄생 되었지만, 그 공간은 가까운 친척, 아름다운 이웃, 그리고 정다운 친구 및 함께하고픈 지인들을 위한 모두의 힐링 공간으로 행복한 만남의 씨앗을 뿌리고, 인생의 열매를 만들어가는 공간의 터로 활용되길 희망할 뿐이다.

이성진, 인생 60을 되돌아볼 수 있어서 좋은 날이다.

앞으로 배려하고 행복한 삶을 추구할 수 있게 되어 더욱 좋은 날이다.

남은 인생, 새롭게 출발하는 첫발을 내딛는 날, 나 자신을 아끼고 사랑하듯 소중한 모든 이들을 위하여 다시 태어난 날, 더욱 배려하고 이해하며, 사랑하며 행복하게 살아가 보자.

호명산 호랑이

2022년 봄날 이른 새벽, 호명산 호랑이가 포효하다

사랑, 행복, 삶의 Energy가 만들어 자는 곳, Healing의 공간, 수금터!

환 ECO VALLEY 수금터 TOWN 영

♣ 관광제일의 명소! 청평호반 / 호명호수 ♣

UP

댓글 보기

노희정 2022년 9월 9일 오후 02:43 ♥ 좋아요
이성진 선생님 회갑을 진심으로 축하드립니다^^

오서진 박사 2022년 9월 10일 오전 08:10 ♥ 좋아요
이박사 회갑을 축하합니다^^

유영숙 2022년 9월 10일 오전 11:52 ♥ 좋아요
난 왜 벌써? 라는 생각이 드는지 ㅋㅋㅋ 그래도 어찌되었든 그렇다는데 모오~~
회갑을 진심으로 축하합니다~^^

yang금순 2022년 9월 10일 오후 09:35 ♥ 좋아요
추카추카합니다~~
ㅎㅎ 왠지 아직두 난 생소하기만 한걸~~??
실감두 나질 않구~~
환__갑~~??....
휴~~
코흘리게 깨묵쟁이게들이
벌써 환갑이라니 ㅠㅠ...
갑자기 뭉클??.. 쎈치??...
걍 ~~ 맘이 ....
암턴 지금부터 더 건강들 잘 챙기구
서로 뒤돌아보는 여유도
갖음서 살아가길 ....
늘 기도합니다!!

이순우 2022년 9월 13일 오전 10:13 ♥ 좋아요
성진아 축하합니다 ^~^

1장
행복한 우리집

2장

봉사하는 삶, 땀의 열매, 그 씨앗을 뿌리다

3장

감사한 삶의 문, 행복은 가까이에 있다

4장

물음표와 느낌표

,

사람이 사람답게 사는 것을 웰빙(Well-beng)이라고 한다면,
사람이 사람답게 죽는 것을 웰다잉(Well-dying)리하고 하며,
사람이 사람답게 늙어가는 것을 웰에이징(Well-aging)이라고
합니다.

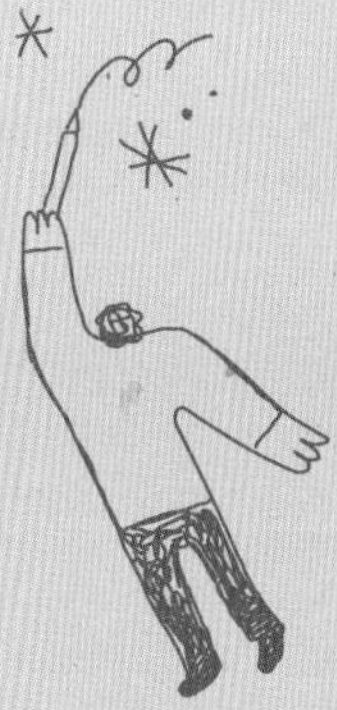

1장

행복한 우리집

어머니! 사랑합니다, 감사합니다

2020년 10월 25일 오늘은 전형적인 가을 날씨의 휴일이었습니다. 1942년 출생 78세의 이건희 삼성그룹 회장이 운명을 달리한 날이며 90회 생신을 맞이하는 어머니의 생신 일이기도 합니다. 1993년 6월 독일 프랑크푸르트에서 있었던 회의에서 이건희 회장님 말이 생각나서 적어 봅니다.
"결국, 내가 변해야 한다. 바꾸려면 철저히 바꿔야 한다. 극단적으로 이야기한다면 마누라와 자식만 빼고 다 바꿔야 한다."
오늘날, 삼성그룹을 세계 속 기업으로 키워온 기업가 정신이 아닌가 생각합니다.

오늘, 어머니의 90회 생신을 맞이하여 가을 야외에서 온 가족이 모였습니다. 며칠 전, 형님의 아들 큰 조카 영수의 결혼식이 있었고, 그리고 내년 3월에 결혼식을 앞둔 하늘이의 신랑 장지훈 군도 함께한 뜻깊은 날입니다. 적지 않은 14명의 가족이 한 가족처럼 코로나19의 어려움 속에서도 어머니의 생신을 축하하기 위해 한자리에 모이게 된 것입니다.
이건희 회장님의 어록 가운데 "샘물은 퍼낼수록 맑은 물이 솟아난다"는 말은 아낌없이 베풀어야 한다는 뜻으로 오늘 가족과 함께하는 자리라 그런지 더욱 가슴에 와닿는 것은 당연하겠지요.
모처럼 가족이 모여 함께한 자리, 오늘 어머니는 가족 및 형제간의 우애를 지켜보며 행복해하셨고, 웃음 띤 모습을 우리에게 답례로 기억하게 해주었습니다.
1차는 남양주에 소재한 초원 한식집에서, 2차는 목향원에서 아름다운 주변 풍

오늘 어머니는 가족 및 형제간의 우애를 지켜보며 행복해 하셨다.

경을 바라보며 차를 마셨습니다. 가족의 사랑과 행복을 나누는 그림을 액자에 담아 가슴속에 남겨 두고자 합니다.

어머니 90회 생신을 축하드립니다. 앞으로도 만수무강하시길 기도드립니다.

2020.10.25

UP

댓글 보기

seon 2020년 10월 26일 오전 03:08 ♥ 좋아요
장수하신 어머님~ 앞으로도 건강하시구 행복하세여~

이성진(가시꽃을 피운 남자) 2020년 10월 26일 오전 07:41 ♥ 좋아요
seon
고맙고~~ 감사합니다.

유영숙 2020년 10월 26일 오전 10:00 ♥ 좋아요
어머니 늘 건강하시고 건강하세요~~^^*

이성진(가시꽃을 피운 남자) 2020년 10월 26일 오전 10:40 ♥ 좋아요
유영숙
관심 속에 건강한 에너지는
만들어지는 것 같아요.

삶의 흔적, 아! 옛날이여

입술에 뾰루지가 났어요. 아마 삶이 힘들고 고달프고 피곤했던 것이겠지요. 삶의 환경이 다르면 그렇게 표가 나나 봐요.
금붕어는 어항 안에서 3천 개 정도의 알을 낳지만 자연 상태에서는 만개 정도 3배 이상 알을 낳는다고 합니다.
열대어는 어항 속에 자기들끼리 두면 얼마 못 살고 죽는데, 천적과 같이 두면 또 힘차게 살아간다고 하네요.
호두나무와 밤나무는 서로 부딪혀야 풍성한 열매를 맺고, 보리는 겨울을 지나지 않으면 잎만 무성할 뿐 알곡이 차지 않는다고 합니다.
태풍이 지나가야 바다에 영양분이 풍부해지고, 천둥이 치고 비가 쏟아져야 대기가 깨끗해집니다. 평탄하고 기름진 땅보다 절벽이나 척박한 땅에서 피어난 꽃이 더 향기롭고 아름답습니다. 늘 따뜻한 곳에서 자란 나무보다 모진 추위를 견딘 나무가 더 푸릅니다. 여러 가지 고통으로 어려움을 겪는 분들이 계신다면 희망을 이야기하고 싶습니다.
고통은 곧 희망입니다. 현재의 고통은 미래의 행복이기도 합니다.

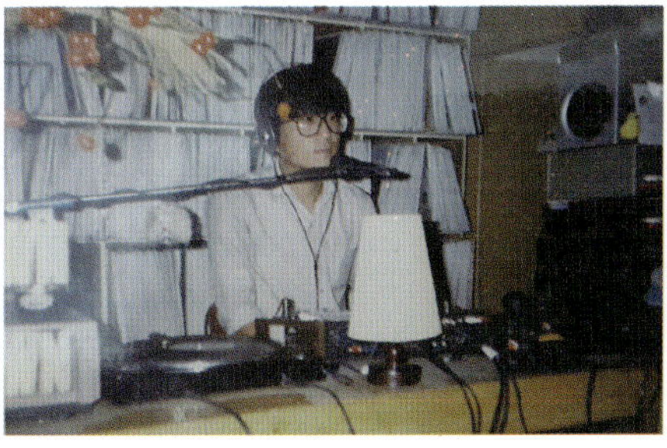

음악을 좋아하는 아이.

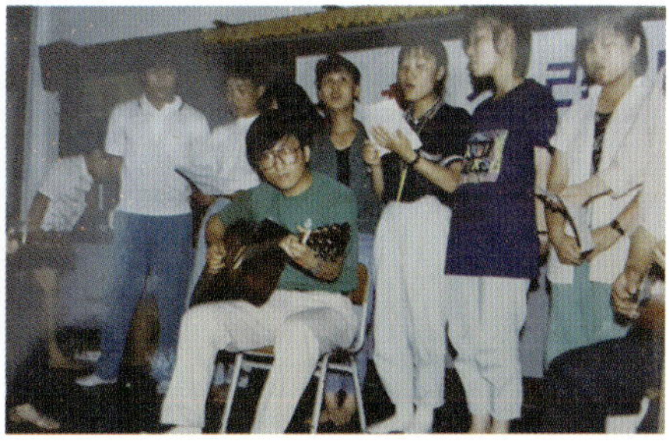

태능청소년학교 선생님이 되어.

힘들고 어려웠던 나의 청년시절.

어느 날, 오래된 사진첩을 보았습니다. 힘들고 어려웠던 나의 청년시절이었지요. 그땐, 얼마나 힘들고 고통스러웠는지 지금 생각하면 그때의 고통을 잘 견디어 내고 지내 왔기에 행복한 이 시간에 지나간 시간들을 그리워하게 되나 봅니다. 아! 옛날이여.

2017.08.25

UP

댓글 보기

민경숙__애수 2017년 8월 25일 오후 11:43 ♥ 좋아요
쑥골가요제 대상~ㅎ~ 교수님 다른 사람 같습니다~ 이렇게 마르셨다니
머리도 덥수룩하시고~

이재환 2017년 8월 26일 오전 11:54 ♥ 좋아요
오랜만입니다.
당신은 참 좋은 분입니다.
멋진 추억이 있어서...
늘 행운이 함께하세요~~~♡

문경숙文世羅세라문 2018년 10월 29일 오전 10:52 ♥ 좋아요

아버지 마음

결혼기념일, 벌써 28주년을 맞이했습니다. 큰아들 준영이가 26살이고, 둘째 아들 준석이가 24살인 것을 보면 세월이 얼마나 빠른지 알 수 있습니다. 그동안 당당하게 살아왔지만, 우리 집 황제 폐하라고 부르는 황후의 눈에는 내 어깨가 축 처져 보일 것 같고 또한 아이들의 눈에도 왜소한 아버지의 모습인 것 같아 걱정이 앞서는 날이 된 것 같아 마음이 짠합니다.

아버지로서 사랑하는 아이들을 바라보니 문득, 언론을 통하여 알게 된 한 여자 아나운서의 고백이 떠오릅니다. 가정형편 탓에 초등학교도 마치지 못한 아버지는 50년째 건설현장에서 막일을 하며 딸을 대학원까지 졸업시키며 아나운서로 성공할 수 있도록 뒷바라지했다는 이야기입니다. 주위 사람들은 아나운서라는 직업만 보고 그 여성을 번듯한 집안에서 자란 사람으로 생각했습니다. 그래서 주변 사람들이 아버지께서 무슨 일을 하시냐고 물으면, 아버지는 건설 분야에서 일하신다고 대답했다고 합니다. 그러면 주위 사람들은 지레짐작하여 아버지를 건설사 대표로 만들어 버린다고 했습니다.

아이들의 성공을 바라지 않는 부모는 없습니다. 한 여자 아나운서의 고백은 막노동하며 자신을 뒷바라지한 아버지의 역할이 있었기에 성공할 수 있었다고 합니다. 오늘 한 가정의 아버지로서 나는 부끄러움과 미안함이 물밀듯 밀려와 어깨가 더욱 무겁습니다. 사랑하는 아이들의 성공은 부모의 역할에 영향을 받는 것 같습니다. 그래서 여자 아나운서 이야기가 소중하지 않나 생각이 듭니다.

시인 이정록의 〈아버지〉가 떠 오릅니다.

아비란 연탄 같은 거지 / 숨구멍이 불구멍이지 / 달동네든 지하 단칸방이든 / 그 집, 가장 낮고 어두운 곳에서 / 한숨을 불길로 뿜어 올리지 / 헉헉대던 불구멍 탓에 / 아비는 쉬이 부서지지 / 갈 때 되면 그제야 / 낮달처럼 창백해지지.

오늘 갑자기 나를 낳아준 돌아가신 아버지 얼굴이 떠올랐습니다. 한 여인의 아나운서 아버지와 비교할 수는 없지만, 그래도 돌아가신 아버지는 나에게 백점은 아니어도 빵점 아버지는 더더욱 아니었습니다.

사랑하는 아내와 한 가정을 이룬지 28년, 아이들의 아버지로 살아온 지 26년, 그리고 함께 행복한 삶을 만들어 갈 시간이 주마등처럼 지나갑니다. 오늘, 결혼기념일을 맞이해 사랑하는 아이, 준영이 준석이에게 아버지로서 한마디하고 싶어졌습니다.
'지친 아버지 어깨를 너희 사랑으로 받쳐 주겠니?'
끝으로 다시 한번 2019년, 28주년 결혼기념일을 진심으로 축하하며 황후와 황태자 준영, 준석이 건강을 바랍니다.

2019.12.22

행복한 가정의 희망

참으로 어려운 시기에 수금 씨를 만나서 한 가정을 이루며 살아온 지도 벌써 만 30주년이 되는 날이다. 그러니까 내가 환갑을 맞이하는 해이기도 하다. 잠시 쉼표를 찍고, 오늘 하루를 그려 본다.
비바람을 맞으며 온갖 역경을 이겨온 가시꽃을 피운 남자.
오늘 둘째 아들 준석이가 엄마, 아빠에게 보상이라도 하듯 30주년 결혼기념일에 직접 작사, 작곡한 노래를 선물로 들려주었다.

(Chorus)
어느새 12월 겨울이 찾아와 지나온 겨울을
추억하게 하네
잊고 살던 좋았던 기억들 나의 마음을
따듯하게 하네

(Verse)
인연이 맺어지고 그대와 함께 걸어온 길
그 길은 때론 힘들었지만
전혀 후회 없어요
시간이 흘러가고 우리의 겉모습은 달라졌어도
난, 항상 그대 옆에 있어요
아무것도 두려워 마요

(Conversation)

2021년 12월 22일 결혼기념일 30주년

정말 축하드려요

제가 살아온 시간보다 많은 시간을 함께 사셨는데

여전히 서로 배려하고 사랑하시는 모습들이

우리 가족 행복에 원천인 것 같아요

감사하고 사랑합니다

항상 건강하시고 행복하세요

- 둘째 아들이 (이준석 작사 작곡)

진한 감동으로 삶의 에너지를 만들어준 둘째 아들, 엄마, 아빠는 오늘 지나온 30년 못지않은 앞으로의 30년을 내다보며 행복한 가정으로의 첫발을 다시금 내딛는 하루를 맞이하게 되었다.

고맙고 감사한 내 새끼 준영이, 준석이, 그리고 나의 버팀목 수금 씨, 앞으로 30년은 더욱더 행복하게 사랑하며 삶을 노래하며 살아갑시다.

2021.12.25

UP

댓글 보기

효천회2대회장조순단 2021년 12월 25일 오후 03:26 ♥ 좋아요
참 멋진 가족입니다.
늘 이렇게 힘이 되어주는 가족 영원하시길

이성진(가시꽃을 피운 남자) 2021년 12월 25일 오후 04:09 ♥ 좋아요
효천회2대회장조순단
조순단 회장님 ~~ 감사합니다.
김영로 교수님 ~~
관심과 사랑 감사드려요.

정연택 22021년 12월 25일 오후 05:14 ♥ 좋아요
30주년 축하합니다. 행복한 시간을 보내시길 바랍니다. 정연택 드림

이성진(가시꽃을 피운 남자) 2021년 12월 25일 오후 05:16 ♥ 좋아요
정연택
목사님~~ 감사합니다.
행복한 가정을 위하여 기도 부탁드립니다.

방옥경 2021년 12월 26일 오후 06:59 ♥ 좋아요
30주년 맞으심 축하드립니다.
예쁘게 살아가시는 단란한 가정의 모습이 그려집니다.
앞으로 30년도 한결같이 살아가시길 기원합니다~~!!

이성진(가시꽃을 피운 남자) 2021년 12월 26일 오후 07:02 ♥ 좋아요
방옥경
변함없이 가까이에서 힘이 되어주시는 분
늘, 감사드립니다.

yang금순 2021년 12월 27일 오전 08:22 ♥ 좋아요
ㅎㅎㅎ 추카 30주년~~
멋진 아들이 든든허겠구먼~~^^
늘 아름답고 멋진 모습으로 살아가길…. 이박사님의 바램처럼.

이성진(가시꽃을 피운 남자) 2021년 12월 27일 오전 10:58 ♥ 좋아요
yang금순
60년을 친구로 함께해온 고향 친구님 ~~ 감사해요..

아들아, 보고 싶었다

벌써 7년이 되었다. 둘째 준석이가 중학교를 졸업하고 중국 북경으로 유학을 떠난 지 말이다. 그동안 방학 때면 서울 집에 들르곤 했지만, 준석이가 있는 북경을 방문하게 된 것은 처음이기 때문이다. 중국을 몇 번 여행하면서도 아들을 중국에서 보게 된 것은 이번이 처음이다.

가족여행으로 11월 9일~12일 동안 중국을 찾았다. 북경 제2터미널에 마중 나온 둘째 아들의 모습이 대견하고 기특해 보였다. 가족을 여행으로 가이드 한다고 애쓰는 모습 또한 든든해 보였다.

1. 베이징 시내에서 가장 가까운 거용관 장성의 만리장성은 진나라의 강력한 통일제국 체제가 낳은 상징적 산물이다.
2. 이화원은 서태후의 화려한 여름 별장으로 중국에서 가장 규모가 크고 보존이 잘 되어 있는 황실 정원이다. 끝없이 펼쳐진 호수 곤명호는 수많은 사람들이 만들어 낸 인공호수로써 호수를 만들기 위하여 펴낸 흙은 이화원을 중심으로 만수산이라는 인공산을 만들었다고 한다.
3. 천안문은 중국 민주주의의 상징, 오성홍기와 모택동의 대형 초상화가 걸려 있는 천안문광장은 세계에서 가장 큰 넓이와 최대 수용인원을 자랑한다.
4. 자금성은 명, 청시대의 황실 궁전으로 1987년 유네스코가 지정한 세계문화유산이다. 마지막 황제의 배경으로 황실만의 공간으로 황실의 찬란한 전통과 유적을 간직한 곳이다.
5. 국가 박물관은 중화민족 5천 년의 역사와 예술을 한곳에서 관람할 수 있는 세계 최대 규모를 자랑한다. 106만 점의 진귀한 물품, 중국 근대 제국주의 침략과 공산당의 승리를 생동감 있게 느낄 수 있는 곳이다.

웃음과 즐거움이 넘쳐나던 중국 북경여행.

6. 십찰해 인력거 투어. 십찰해는 몽골어로 열 개의 사찰이라는 뜻이다. 인력거를 타고 북경의 뒷골목을 누비며 인민들의 민가 체험을 통하여 중국인들의 삶을 엿볼 수 있는 기회가 되었다.
7. 북경 서커스, 금면왕조, 북경 최대의 번화가 왕푸징 거리 등 짧은 여행이었지만, 그동안 멀리 타국에서 공부하며 익힌 언어와 문화를 가지고 즐거운 시간을 만들어준 둘째 아들 준석이에게 고마움을 전하고 싶다.

웃음과 즐거움이 넘쳐나던 여행지를 뒤로 하고 준석이의 숙소와 학교를 찾았다. 그동안 얼마나 힘들고 어려운 시간들을 보냈을까. 나는 순간 아쉬움과 안타까움을 삼키며 눈시울을 붉혔다. 더욱이 준석이를 홀로 북경에 두고 북경 공항에서 준석의 뒷모습을 바라볼 때는 더욱 그랬다. 아들아, 사랑한다.

2017.11.20

UP

댓글 보기

정은영(윤원 · 진아맘) 2017년 11월 20일 오후 09:49 ♥ 좋아요
아들이 그럼 대학 4학년인 건가요?
지금은 다 컸지만 처음 떨어졌을 땐 걱정 많이 됐었겠어요. 그래도 잘 견뎌 주어서 무척 대견하겠어요. 선배님도 학비 대느라 고생하셨겠네요.^^
가족이 모두 다 애썼네요.

허진 2017년 11월 21일 오후 12:47 ♥ 좋아요
중국 가족여행기 잘 읽었습니다.
이박사님의 섬세하면서도 간결한 표현력, 멋지구요~ 참 부럽네요~^♡^

김숙 2017년 11월 23일 오후 07:27 ♥ 좋아요
오랜만에 가족여행 즐거워 보입니다. 사진도 좋고 인물도 좋고 경치도 좋고 모두 좋네요.

템플스테이를 가다

2013년 3월 양평동교회에서 수금 씨와 함께 김규 목사님으로부터 세례를 받았다. 교회에 믿음을 갖고 있으면서도 타 종교에 대한 체험을 하고 싶었던 것은 사실이다.

이번 템플스테이를 통하여 얻은 경험을 토대로 스스로 나의 정체성을 뒤돌아 보며, 흔들리지 않는 믿음을 정진하는 계기가 되었으면 하는 바램으로 서울에서 가까운 화운사를 찾았다.

요즘 추석은 차례를 일찍 지내고 연휴를 즐기는 가정이 늘고 있다. 짧은 연휴 기간이지만 해외로 떠나는 이웃 또한 적지 않다.

아들 준석, 준영이는 지금 집에 없다. 해외에서 대학 2학년에 재학 중인 둘째, 육군 논산훈련소에 입대한 지 일주일 밖에 안되는 큰아이 준영이, 이번 추석은 더없이 외롭고 쓸쓸한 것 같다. 그래서 떠나기로 한 것은 해외가 아닌 조용하고 역사가 깊은 산사에 몸을 의탁하기로 한 것이다.

화운사는 비구니 스님이 거주하는 큰 절이다. 2박 3일 동안 참선을 통하고, 108번뇌의 절을 올리면서 나도 모르게 지은 죄, 힘들고 어려운 일들을 자연과 더불어 불교의 문화와 더불어 회고하며 반성하며 새로운 마음의 씨앗을 품고자 한다.

나의 가정에 행복과 건강 그리고 나의 꿈, 그날을 위한 오늘 나의 기도는 진지하다.

2015.09.29

다른 종교생활의 체험, 템플스테이.

대통령 선거일

아내 수금씨의 생일날에.

3월 9일은 20대 대한민국의 대통령을 선출하는 날이며, 내 인생의 절반 삼십 평생을 함께해온 수금씨의 57회 생일을 맞이하는 날이기도 합니다.

어느 시대의 사람인지는 잘 모르지만, '호파'가 거문고를 타면 물속에 있던 물고기가 물위에 떠 올라 세상을 구경한다는 '유어출청'이라는 고사성어가 생각납니다.

"선한 행동은 미물도 감동하게 한다"라는 말로 착한 마음, 항상 웃음을 잃지 않는 당신의 작은 미소와 따스한 손길은 내게 큰 힘이 되어 나 자신을 바꾸고, 우리 가정의 행복의 씨앗이 되고, 세상을 구경하며 세상을 바꾸고자 하는 꿈을 만들어 준 것 같습니다. 벌써, 준영이가 29세 그리고 준석이가 27세이니 이제 장가갈 나이에 접어든 두 아이의 엄마로서, 또한 환갑을 맞이하는 가장의 아내로서, 그동안 얼마나 수고를 아끼지 않고 삶을 희생하며 살아왔는지 잘 알고 있습니다. 고맙습니다. 감사합니다. 그리고 사랑합니다.

대한민국의 제20대 대통령을 선출하는 날, 앞으로 5년 동안 우리나라의 살림을 이끌어 갈 중요한 사람을 뽑는 날인 만큼, 수금씨의 생일날에 우린 투표장을 다녀왔습니다. 더불어 우리 가정과 죽음 저편까지 내 인생의 동무가 되어

줄 황후의 바램을 잘 알고 있습니다.

앞으로 5년이 아니라 50년의 생일을 함께 할 수 있다는 마음으로 오늘 당신의 생일을 맞이하여 사랑의 에너지를 담아 한 표를 당신에게 드립니다.

황후, 앞으로 우린 이렇게 살아 갑시다.

누가 나비를 보고 벌이라 해도 나비인줄 알면 될 일, 굳이 아니라고 이야기 할 필요가 없습니다. 자연의 바람에게 길을 물어 보면 네 멋대로 자연을 거슬리지 말고 자연스럽게 떠나 가라고 합니다. 그렇게 나비를 보면서, 바람을 맞이 하면서 오염되지 않은 자연 속에 황후와 함께 전원 속에 살고 싶습니다.

2022년 임인년 그 꿈을(전원주택) 만들어 보여 드리겠습니다. 그곳에서 가끔씩 인생을 뒤돌아보며, 긴 안도와 휴식의 시간을 가져보렵니다. 30평생 함께 내 곁을 지키고, 가정을 지켜온 수금씨의 생일을 다시한번 축하를 드리며 오늘 하루도 이 세상 모든 것은 바로 당신 것입니다.

2022.03.09

UP

댓글 보기

가수 MC최윤정010 3351 7661 2022년 3월 9일 오후 08:11 ♥ 좋아요
오랜만입니다.

최경자 2022년 3월 9일 오후 08:19 ♥ 좋아요
대단한 생일 잔치네요. 축하드립니다.
행복한 가족 마니 마니 부럽습니다. 늘 행복하세요.

김숙 2022년 3월 11일 오후 05:25 ♥ 좋아요
늦었지만 생일 축하합니다. 그리고 박사님의 편지글 감동입니다. 전원주택을 이쁘게 지어서 초대해 주시면 감사하겠습니다. 감동 부디 건강하시고 함께 행복의 동산에서 꿈꾸는 우리 모두가 되기를 기도합니다.

설날, 가족 첫 라운드

가족은 힘든 세상을 살아나가는 데 있어 가장 큰 위로와 버팀목이 되어주는 사람들이기에 그 가족과의 소통은 내 존재에서 가장 중요할 수 있다.
오늘은 소통의 공간으로 꿈을 만들어온 나의 가족과 함께하는 설날의 첫 라운딩이다.
2001년 창업해서 지금껏 사업을 유지하고 키워온 지도 벌써 20년이 되어 간다. 물론 그동안 힘들고 어려웠던 일들도 많았다. 2009년 자전적 소설 《가시꽃을 피운 남자》를 출판한 것이 소설처럼 꽃을 피우고자 노력을 하게 된 계기가 되었고 내 인생의 지침서가 된 것 같기도 하다.
힘들고 어려울 때마다 읽어보던 책, 내가 쓴 책이라는 것보다는 내게 큰 힘을 주는 지침서로서 늘 가까이하는 책이기도 하다. 숱한 어려움, 그리고 힘든 과정을 잘 견디며 이루어온 날들, 뒤돌아보면 그림처럼 스케치 되어 가슴에 남는다.
그동안 서로의 마음을 드러내 놓고 표현하지 못했던 부모와 자식 간의 소통과 대화가 부족했던 것은 소통 공간의 부족이라고 생각한다. 취미 또는 함께 생각하는 그 무엇이 없기 때문일 것이고 상대방에 대한 이해가 부족한 탓일 것이다.

큰아이 준영이가 1월 4일 대기업에 취업이 되어 첫 출근을 했다, 둘째 준석이는 무역협회 취업을 꿈꾸는 취준생이다. 사회에 첫발을 내딛는 아이들과의 소통의 공간을 만들어 주고 싶었다.
10년 전, 내가 비즈니스로 시작한 골프 운동을 5년 전 아내가 시작하게 되었

너무나 가까운 관계라서 존중하지 못하고 함부로 했던 것이 있는지 생각해보는 하루.

고, 준영, 준석이는 프로 레슨을 받기 시작한 지 6개월이 된 것이다.

설날 연휴가 시작되는 날이지만 준영이 준석이가 처음으로 그린에서 샷을 날리는 날, 머리를 올리는 날이라고 한다. 가족 소통의 공간으로 언젠가 꼭 만들어주고 싶었던 그런 날이었다.

4~5시간을 가족이 함께 그린 위를 걸으면서 오가는 마음, 서로를 이해하고 따뜻하게 보듬어주고 부족한 것을 가르쳐 주며 받아들이는 소통의 공간이다. 앞으로 준영이, 준석이 삶의 앞날에도 행운이 오기를 바라며 굿샷을 외쳐 본다.

2021.02.13

UP

댓글 보기

남범현 2021년 2월 14일 오후 01:48 ♥ 좋아요
축하합니다.^^

권유상 2021년 2월 15일 오전 11:19 ♥ 좋아요
멋져도 너무 멋지네. 모두 전도양양 만사형통하시라!

김성원 2021년 2월 17일 오전 09:14 ♥ 좋아요
멋~지십니다☆
축하드립니다♡

분홍이 2021년 2월 17일 오전 09:34 ♥ 좋아요
굿~ 파더시네^^
자녀들은 하나님이 주신 축복이지요.
아빠의 사랑과 노력이 좋은 결실로 맺어지길
바랍니다.

With 코로나19와 함께

욕심을 버린 자는 뙤약볕이 내리쬐는 여름날에도 견딜 수 있는
커다란 나무 그늘 하나를 마음속에 가진 자일 것입니다.
욕심을 버린 자는 찬 바람이 몰아치는 광야에서도 견딜 수 있는
따스한 동굴 하나쯤 마련해 가지고 사는 사람일 것입니다.
행복은 문을 두드리며 밖에서 찾아오는 것이 아닙니다.
나의 마음 안에서 꽃향기처럼 피어나는 행복이라면 멀리 밖으로
찾아 나설 것 없이 자신의 일상생활에서 그것을 누릴 줄 알아야 합니다.
행복은 우리가 자신을 버리고 남에게 주느라고 여념이 없을 때
슬쩍 찾아와 아름답게 피어난다고 합니다.

With 코로나19, 바이러스와 함께 지내온지 2년이 되어 간다.
그동안 바이러스 방역이다, 사람 간 생활의 거리 두기다, 하면서 생활의 자유와 삶의 희망을 무참히 저버린 그놈이 아직 물러갈 줄 모르고 지금도 우리들의 옆을 지키고 있다. 이젠, 함께 더불어 살아가야 한다는 비극적인 현실 앞에서 움켜쥐고 있는 행복의 씨앗은 소용이 없는 것 같다.
작은 행복, 그 씨앗을 누군가에게 나누어주고 서로 받아야 할 때이다. 스스로 나에게, 가족에게, 이웃에게 작은 행복의 씨앗을 뿌리고 나누는 삶으로 앞으로 With 코로나19와 함께 승리의 삶을 살아가야 할 것 같다.

어렵게 내린 결정으로 여름휴가라는 명목으로 우리 가족은 여행을 떠나게 되었다.

코로나19 속에서 찾은 우리 가족의 골프 여행.

설악썬밸리리조트 2박 3일의 휴식은 코로나 백신보다도 강력한 항체의 행복을 가져다줄 것을 확신한다. 준석, 준영이 그리고 사랑하는 아내 수금 씨와 함께한 Golf Round, T-Box에서의 샷은 더욱 정교했다. 샷 하나에 힘들고 어려웠던 모든 것을 날려 버리고, 샷 하나에 행복의 작은 씨앗들을 우주 공간에 뿌리며 날려 버리듯 행복은 그렇게 시작되었다.
오늘, 샷으로 뿌리고 날려버린 씨앗들, 코로나19의 힘들고 어려운 환경 속에서도 행복의 아름다운 꽃으로 피어나길 간절히 바란다.

2021.09.03

UP

댓글 보기

김자영 2021년 9월 3일 오후 02:26 ♥ 좋아요
넘 즐겁고 해복해 보이네요~~^^

이성진(가시꽃을 피운 남자) 2021년 9월 3일 오후 04:30 ♥ 좋아요
자연의 위대함~~
보기만 해도 힐링이 되고 감동이 되네요.

문경숙文世羅세라문 2021년 12월 2일 오전 12:18 ♥ 좋아요
늘 행복하세요.

이성진(가시꽃을 피운 남자) 2021년 12월 2일 오전 07:21 ♥ 좋아요
문경숙文世羅세라문
잊지않고 늘, 챙겨주시는 문회장님
감사!

김정숙 2021년 12월 14일 오전 12:53 ♥ 좋아요
만복(萬福)의 축복이 가득한 오늘을 보내세요♡ 벗 신청하고 가요 (^^)/

새생명 사랑의 콘서트(1)

〈My Way〉 윤태규, 〈사랑을 위하여〉 김종환, 그의 딸 리아킴이 부른 〈가족을 위하여〉, 〈환희〉 정수라.
탤런트 김성환의 사회로 시작된 2부 콘서트는 많은 인기가수의 출현이 있었다. 야구 돔구장으로 OPEN 한 지 얼마 안 되어서인지 콘서트장으로 2만여 관중이 모였다.
주말이 끝나는 휴일 12월 18일, 오전 교회에 갔다가 오후 6시 고척동 돔구장을 찾았다.

늘, 어머니의 사랑으로 세계 어디든 그늘진 곳을 찾아 다니시는 분이 계시다.
"봉사란 아름다움이다." 정말로 아름다운 분이시다. 그래서 더욱 빛이 나시는 분이시다. '국제위러브유운동본부' 봉사단체의 회장님이 바로 장길자 그 분이시다.
"한 사람의 열 걸음보다, 열 사람의 한 걸음이 더 낫다"라는 말은 나 자신보다는 내 이웃을 생각해보자는 이야기가 아닌가. 오늘 출현한 가수들은 재능기부로 감동을 더해 주었다.

주는 사랑과 받는 사랑이 하나 되는 아름다운 곳에 내가 와 있다. 시간 가는 줄 몰랐다. 3시간이 금방 지나가 버리고 밖은 좀 어두워졌다.
얼마 남지 않은 병신년, 오늘의 발걸음이 새해 정유년에도 계속되는 희망의 발걸음이 되었으면 한다.

2016.12.21

새생명 사랑의 콘서트, 고척동 SKY DOME.

댓글 보기

효천회2대회장조순단 2016년 12월 21일 오후 08:14 ♥ 좋아요
우리도 데려가시지. 저도 그런 거 좋아하는데.

캠프라인 2016년 12월 22일 오전 09:21 ♥ 좋아요
행복이 백배가 되고, 웃음이 천배가 되고, 사랑이 만배가 되는.

새생명 사랑의 콘서트(2)

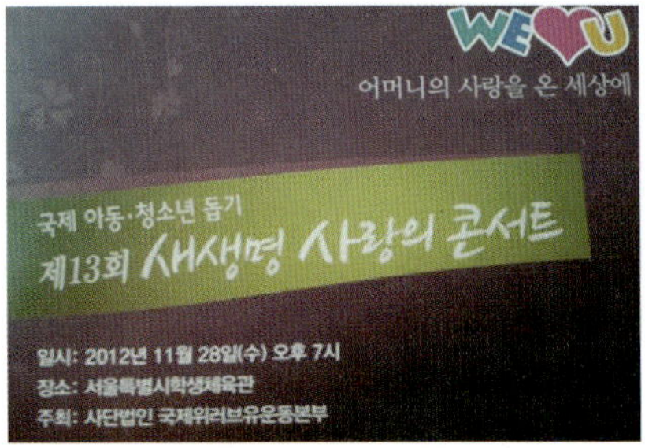

일 년 365일 오늘같이 사랑이 가득한 날 되게 하옵소서.
사람의 체온이 36.5도에 불과하지만 어려운 이웃에 희망의 빛으로 밝혀주는 온정의 따듯한 체온으로 느끼게 하옵소서.
지금 우리가 함께하는 나눔의 손길은 누군가의 희망이 되고 또 다른 누군가에게는 어둠 속의 빛이 될 것입니다.
아인슈타인은 "성공한 사람이 되기보다는 가치 있는 사람이 돼라"는 말을 남겼습니다. 자신도 살기 어려운 시기에 남을 위해 사랑과 관심을 나눔과 배려를 선택할 수 있다는 것은 그만큼 가치 있는 삶이 아닐까 생각합니다.
오늘 뜻깊은 자리에 사랑하는 아내와 함께할 수 있어서 좋았습니다.
초대해주신 〈국제위러브유운동본부〉 관계자 여러분께 깊은 감사를 드립니다.

2012.11.29

♥ UP

댓글 보기

김정득 2012년 11월 29일 오후 03:36 ♥ 좋아요
우리 이성진 박사의 가는 길에는 늘 영광과
크나큰 축복만이 있으시길...

권*옥 2013년 3월 22일 오후 04:49 ♥ 좋아요
정말 좋은 행사가셔서 축하드립니다^^♥♥♥

함께 걸으며 가족 행복 더하기

국제위러브유운동본부에서 시행하는 새 생명 사랑 가족 걷기대회에 참가함으로써 우리 가족은 휴일을 그렇게 보내기로 하였다. 약 만 명 이상이 잠실 평화의 공원에 모였다.

대한민국 국군의장대의 식전 행사는 많은 볼거리를 제공하며 국군에 대한 이미지를 새롭게 하는 데 기여하기도 했다.

봄날의 전형적인 따스한 날씨이다. 약간의 봄 햇살은 눈살을 찌푸렸지만, 길거리 정원에 피어난 하얀 철쭉, 빨간 철쭉, 파란 철쭉은 두 눈을 즐겁게 하기에 손색이 없었다.

행사 후 각자 준비해온 점심 도시락을 먹으면서 그 즐거움은 더해갔다. 잠시 피로와 각박한 사회의 틀 속을 벗어나 이렇듯 망중한의 시간을 가족과 함께 보낼 수 있음에 하나님께 감사의 기도를 드린다.

새 생명 사랑 가족 걷기대회.

약간의 참가비로 이웃을 돕고 국적을 불문하고 어려움에 부닥친 가정을 돌볼 수 있다는 것이 큰 보람이 아닐 수 없다. 행복은 이웃을 비롯해 모두가 함께 할 수 있을 때 더 큰 행복으로 찾아오지 않겠나 싶다.

한 걸음 한 걸음, 우리 가족의 행복은 그렇게 찾아오고 있다.

2015.04.29

UP

댓글 보기

이성수 2015년 4월 29일 오전 09:26 ♥ 좋아요

내*랑 2015년 4월 29일 오전 11:05 ♥ 좋아요
비타500

이성진(가시꽃을 피운 남자) 2015년 4월 29일 오전 10:43 ♥ 좋아요
내사랑
비타500 ~~
받으면 큰일나죠~?

내*랑 2015년 4월 29일 오전 11:05 ♥ 좋아요
당신은 참 소중한 사람입니다.

이성진(가시꽃을 피운 남자) 2015년 4월 29일 오전 11:10 ♥ 좋아요
이성수
고문님
앞으로도 자총에 많은 관심과 사랑 부탁드려요.

KBS 열린음악회

광복 70주년, 3.1절 96주년 기념, KBS 생방송 열린음악회(약 1,500석)에 초대받았다. 지인의 소개로 알게 된 성악가 명지대 유미숙, 교수님의 초대로 오늘 생방송 음악회에서 빕스, 조영남, 소양 등 여러 출연진을 만나게 되었다.
특히 오늘 초대를 해준 소프라노 유미숙 교수님의 희망을 노래한 봄의 노래는 삶에 찌든 육체와 우리들의 마음을, 따듯한 새봄을 맞이하듯 꽃망울을 터트려 주는 봄의 소리로 지친 몸과 마음에 녹아내리는 듯 들려왔다.
늘, 그래왔듯이 오늘도 아내와 함께했다. 열린음악회를 통하여 봄을 함께 맞이한다. 노래를 통하여 봄의 희망을 생각하고 함께한 아내를 통하여 나의 꿈을 다시 생각하게 되었다.
3.1절 96주년, 광복 70년 즈음하여 나라를 생각하고 영등포를 생각하는 나의 꿈을 흐트러짐 없이 뿌리를 더 깊게 내리고자 아내와 난 두 손을 다시금 굳게 잡는다.

2015.03.02

UP

댓글 보기

오서진 박사 2015년 3월 2일 오전 07:28 ♥ 좋아요
행복한 부부의 모습이 이박사의
미래는 희망과 기쁨이 탄탄하게
고속도로처럼 펼쳐질 것 같습니다~^^

이성진(가시꽃을 피운 남자) 2015년 3월 2일 오전 09:02 ♥ 좋아요
오서진
이사장님의 관심과 격려에 힘이 납니다 ~~~~^^

KBS 열린음악회, 명지대 성악가 유미숙 교수님과 함께.

가수 양희은과 함께

12월 13일 토요일 연세대학교 캠퍼스 내 100주년기념관에서 약 500여 명의 관객이 겨울의 초저녁 구수하고 따스한 목소리의 주인공 양희은 콘서트에 모였다.

가천대 경기과기대 동료 교수들과 함께한 즐거운 시간 연말 분위기를 고조시키는 가운데 겨울바람은 옷깃을 더욱 여미게 한다.

음악은 지친 마음을 쉬게 한다. 그리고 생각하게 만든다. 음악처럼 리듬을 타고 힘들고 어려운 세상을 잘 이겨내라고 한다. 초대해주고 함께해준 동료 교수님들께 감사드린다.

2014.12.14

"아침이슬" 가수 양희은님.

경기과학기술대 동료 교수님.

호명산 호랑이의 소중한 하루

우리는 매일매일 잠을 청하게 됩니다. 잠에서 깨어나지 못하면 죽음인 거지요. 깊은 잠에서 깨어나 눈을 뜨게 되면 오늘도 감사한 하루의 시작인 것을 기도로써 눈을 뜨게 됩니다.
오늘 보고 싶은 얼굴들이 있습니다. 오늘 해야 할 일들이 많이 있습니다. 그리고 오늘, 어제보다 더 나 자신을 사랑하고 싶습니다.
정말 감사한 하루가 시작되었습니다.
지나가면 되돌아갈 수 없는 그런 소중한 시간들이 다가오고 있는 것입니다.

후회하지 않는 삶, 그만큼 소중한 시간들!
자, 아이러니하게도 우리는 죽음을 향하여 열심히 뛰고 있는 것 같습니다.
삶이란 그 과정에 기쁨, 슬픔, 고통, 행복한 순간들 뒤에 오는 삶의 종착지는 죽음이니까요.
난, 오늘을 사랑합니다.

2019.12.12

여름휴가 강화 나들이

12호 태풍 나크리를 등지고 떠난 가족여행, 흐린 날씨였지만 구름 사이로 미소 짓고 있는 햇살이 나의 등을 떠밀었다. 뒤늦은 11호 태풍 할롱이 그림자처럼 따라오고 있는 듯 날씨는 그다지 좋지는 않았다. 모처럼 해외에서 공부하고 방학이라 함께 하게 된 준석이 그리고 준영이, 늘 가족 뒷바라지하느라 희생을 아끼지 않았던 아내 오래간만에 함께한 가족여행, 날씨는 문제가 될 수 없었다.

1) 아침 9시쯤 집을 나섰다. 강화도 외포리 선착장에 도착하여 평일 30분 간격으로 07시~21시 운항하는 삼보해운 배편을 이용하여 석모도 석포리 선착장에 도착했다(참고 : 1인 왕복 2,000원의 운임, 승용차량 1대 운임 왕복 16,000원).

2) 강화 삼산면 매음리 627-131 하얀 날개 펜션 15평형 스피넬, 하루 비용은 20만 원이다. 펜션 정면으로 끝없는 수평선은 우리네 마음을 치료하듯이 참으로 조용하게 끝이 없음을 보여준다. 바다를 배경으로 펼쳐진 파란 화선지에 우리 가족의 행복한 모습을 상상하며 앞으로 휴가 동안 그림을 그려보고자 한다.

3) 아름다운 자연환경이 무대이며 아이들이 직접 요리를 한 맛있는 음식들은 행복한 소품들이다. 그동안 가족이라는 테두리 내에서도 서로 소통이 되지 않았던 것이 사실이다. 훌륭한 무대에서 모자람이 없는 소품을 가지고 우

참으로 재미있고 즐거운, 행복한 여행이었다.

리는 저마다 하고 싶었던 이야기를 맘껏 나누며 박수를 보냈다.

4) 4륜 오토바이를 타고 해안 도로를 따라 달렸다(참고 : 1시간 40,000/1대). 꼭 껴안은 아내의 손끝에서 무한한 신뢰의 사랑을 다시금 느낀다.

5) 크지 않은 수영장이다. 그러나 펜션 내 이런 시설이 있다는 것만으로도 여름을 즐기기에 부족함이 없는 듯하다. 준석이와 아내가 1팀, 준영이와 내가 또 다른 팀이 되어 수구 경기를 하게 되었다. 승부와 관계없이 재미있고 행복한 하루였다.

6) 석모도 하면 빼놓을 수 없는 관광지가 있다. 민머루해수욕장을 비롯하여 보문사 절이 유명하다. 산 중턱 바위산 아래 석존마애불상이 있고 그곳까지 오르는 480여 계단은 소원을 성취하는 길이라고 한다. 나의 꿈도 불상 앞에서 살짝 기도해본다.

7) 밤늦은 시간까지 웃음꽃 만발이다. 두 아들 준석이, 준영이가 한 팀이 되어 아빠와 엄마에게 윷놀이 도전을 해왔다. 1시간 넘게 지속된 게임의 결과는 엄마, 아빠 승리로 두 아들로부터 심신의 안마 효도를 받게 되었다.

8) 석모도에서 2박 3일의 휴가는 참으로 재미있고 즐거운, 행복한 여행이었다. 무엇보다도 가족과 소통 그리고 나 자신과의 무언의 소통이 있었다는

것 또한 잊을 수 없는 여행인 듯싶다. 강화도로 오면서 고려궁지, 함허동천 갑곶돈대, 용두돈대, 전등사, 역사 유적지를 보면서 아이들에게 여행을 통한 산교육을 전하게 되는 기회가 된 뜻 있는 휴가 여행이었다.

2014.08.06

♥ UP

댓글 보기

연화심 2014년 8월 6일 오후 07:45 ♥ 좋아요
아들 둘...

남** 2014년 8월 6일 오후 07:49 ♥ 좋아요
아들 둘이 많이 컸구나!
축하한다.

이성진(가시꽃을 피운 남자) 2014년 8월 6일 오후 08:50 ♥ 좋아요
민경희, 남궁수 세월이 많이 흘렀지~~?
벌써 내 나이가 ~~ㅎ

soon**** 2014년 8월 6일 오후 10:51 ♥ 좋아요
오빠 잘 지내시지요. 늘 멋지게 사시네요~~ 멋져요.

이성진(가시꽃을 피운 남자) 2014년 8월 7일 오전 08:51 ♥ 좋아요
soon~ ♥♡·** 굿~~ 모닝
덕분에 잘 보내고 있어요.

민경숙_애수 2014년 8월 7일 오전 10:20 ♥ 좋아요
ㅋㅋㅋㅋ 팩한 모습에 빵 터졌어요~~^^

이성진(가시꽃을 피운 남자) 2014년 8월 7일 오전 08:51 ♥ 좋아요
애수민경숙 화가님 잘 지내죠~?

참 좋은 당신

"다시 태어나도 당신과 결혼할 것입니다."
지난 2014년 3월 3일《환경을 알면 돈이 보인다》라는 책을 출간하면서 400여 명이 참석한 행사장 무대 위에서 그녀는 폭탄선언을 했다. 사전 아무런 교감도 없었다.
그녀의 생일을 맞이하여 다시 한번 그때 그 말을 떠올리지 않을 수 없다.
인생은 '새옹지마'라 했던가요. 이래저래 결혼을 하여 한 가정을 꾸려온 지도 만 24년이 되었다. 그러니까 오늘같이 생일 축하를 함께해온 지가 벌써 24번째가 된 것이다.
늘, 마음을 다한 축하의 편지를 읽어 줄 때마다 감동의 눈물을 보이며 사랑의 깊이를 더해 간 우리 둘의 사랑, '황제 폐하'라 부르며 늘, 아픔이 있어도 변함없이 하늘처럼 높고 깊은 마음으로 존재감을 키워준 뿌리 깊은 사랑, 언제나 존경과 배려하는 마음으로 곁에 있어 준 당신.

황후마마!
당신의 생일을 축하하는 나의 편지를 읽으면서 눈물 흘리는 당신의 모습은 정말 나를 감동하게 하기에 충분하였습니다. 또한 당신의 마음이 고스란히 녹아내린 당신의 편지는 더욱더 감동이었습니다.
돌하르방처럼 사랑하는 마음은 변치 않을 것입니다. 가고자 하는 길이 가시밭길이어도 비, 바람 풍랑이 몰아쳐도 이루고자 하는 꿈은 당신이 있기에 가능할 것이며 변치 않을 것입니다.
오늘도 한발, 한발 걸어가고 있습니다. 함께 동행해주는 당신이 있기에 참으로

참 좋은 당신, 생일을 축하하며.

행복하며 늘, 감사한 마음뿐입니다.
황후마마, 당신의 생일을 다시 한번 축하드립니다.

2015.04.22

나를 만나는 곳, 템플스테이

새해를 맞이하기 위한 곳, 내가 나를 만나는 곳!

기독교인으로서 새로운 세상에서 새로운 경험을 쌓고자 했다. 2월 18일 아침 구정을 하루 앞두고 1박 2일 Temple Stay Program에 참여하게 되었다.

첫날, 입교식 후 시작된 묵언수행으로 북한산 정상까지 산행을 떠났다. 숨을 고르면서 묵언을, 한발 두발 동일한 속도로 정상을 향하여 내가 왔노라 하고 자연 속에 나를 드러내는 것이 아니라, 자연의 숨소리조차 깨우지 않는 나의 존재감을 숨기고 시작된 산행이었다.

산행 후 이어진 수행은 도를 깨우치는 화두의 숙제를 하지 않고 〈참선〉을 하게 되었다. 세상의 모든 잡념과 집념을 버리고 무아지경의 나 자신을 찾고자 했던 수행으로 힘들고 무척 어려웠지만, 나 자신을 만날 수 있었던 시간이 아니었나 싶었다.

새벽 4시, 범종의 세상을 깨우는 소리에 둘째 날 아침이 열렸다. '운학'이라는 불교 용어는 "일하지 않는 사람은 먹지도 말라"는 뜻이라고 한다. 화계사 대웅전 주변을 간단히 청소하고 난 후 아침을 먹게 되었다. 서울 근교에 이렇듯 국

세상의 모든 잡념과 집념을 버리고 나 자신을 만날 수 있었던 시간이었다.

제 승려 스님들이 머물면서 불교에 입문하며 도를 닦는 국제선원이 있는 곳은 이곳 화계사가 유일한 것 같다.
화계사 주지 스님을 모시고 인도, 미국, 각국에서 온 승려들과 비구니 모든 보살님과 템플스테이 담당 스님이신 탄성 스님과 함께 108번뇌의 참회를 뉘우치고자 108번의 절을 하는 순서를 맞이했다. 심신이 힘들고 지치고 어려웠지만, 반성과 참회의 108번 절을 무사히 끝낼 수 있었다.
을미년 새해 아침을 부처님 불상 앞에서 주지 스님과 탄성 스님 그리고 모든 스님 앞에서 세배를 드리게 되었다. 세뱃돈은 부처님의 말씀. 함께 따라준 준영이, 준석이 그리고 늘, 곁에서 힘이 되어주고 응원을 아끼지 않는 나의 아내 수금 씨, 새해 내가 전해주고 싶은 말 한마디는 '사랑합니다'라는 말이다.

떠나는 시간, 화계사 주지 스님과 차 한잔 나누게 되었다. '힐링'의 공간 즉 세상의 모든 잡념과 집념을 버리고 생활의 에너지를 만들어 내는 곳은 바로 잡념과 집념의 폐기물을 버리고 새로운 에너지를 만들어 내는 폐기물처리장이라고 말씀을 하신다.
환경을 전공한 나로서는 공감하는 말이 아닐 수 없다. 짧은 시간이었지만 색다른 경험을 통하여 많은 것을 체험할 수 있는 계기가 되었다.

2015.02.20

UP

댓글 보기

안호원 2015년 2월 21일 오전 01:57 ♥ 좋아요
자연의 순수하고 아름다움처럼
우리 인간도 순수한 자연의 마음으로
수행하며 도인이 되어 이 사회가
맑고.밝은 아름다운 사회가
되었으면 합니다.

이성진(가시꽃을 피운 남자) 2015년 2월 21일 오전 07:36 ♥ 좋아요
안호원
교수님 새해에도 많은 관심과 사랑 부탁드려요.

남권** 2015년 2월 21일 오후 12:50 ♥ 좋아요
2015년 을미년 새해의 시작입니다.
새해 복 많이 받으세요!
새해를 맞이하여 가내 두루 평안하시고,
모든 소원 이루시며, 더욱 기쁨과 행복이
넘치시고 건강하시기를 기원드립니다.
훈훈한 정과 따뜻한 마음을 주고받는
명절 연휴 잘 보내시고 행운 가득하세요~♡

이상권 올림 ^*^

이성진(가시꽃을 피운 남자) 2015년 2월 21일 오후 12:51 ♥ 좋아요
남이상권
간사님도 새해 모든 일 성취하시길 빕니다.

남권** 2015년 2월 21일 오후 02:06 ♥ 좋아요
고맙습니다. 회장님.♡
즐거운 주말 되시고 건강하시고 행복하세요.

오서진 교수 2015년 2월 21일 오후 03:43 ♥ 좋아요
반갑습니다. 잘 지내시지요?^^

이성진(가시꽃을 피운 남자) 015년 2월 21일 오후 03:47 ♥ 좋아요
오서진
네~~ 덕분에~~~ㅎ

우리 가족의 희망은 바로 당신

짧은 시간 동안 선거 활동하면서 당신과 나의 행복한 추억 평생 누릴 수 없는 정말 즐겁고 행복한 시간이었습니다. 혼자서는 도저히 느낄 수 없는 둘이 하나가 되므로 더 소중한 시간이었죠. 즐거운 마음으로 최선을 다했기에 경선 여론조사가 발표되는 내일(4월 19일) 생각하는 만큼 좋은 결과 나오지 않더라도 마음 상하지 않았으면 하는 마음 간절합니다.

그래도 당신의 초조함은 누구도 대신 할 수 없겠죠. 주위에 누군가가 우리 부부를 부러워한다는 것. 또한 행복해 보인다는 것. 이보다 더 좋은 선물은 없을 거라 믿고 마음의 위안 삼고 이젠 다음 큰 꿈을 위해 오늘부터 욕망과 야망을 잠깐 내려놓고 내 주변 사랑하는 사람들과 일상을 즐기면서 시간을 더 함께하는 것이 가장 소중하고 나를 사랑하는 사람들에게 내 주변에 있는 나를 응원해준 사람들에게 항상 웃는 얼굴 건강하고 떳떳하고 당당한 모습을 보여주는 것 내가 가장 소중하게 생각하는 사람들과 따뜻한 밥 한 끼 더 나눠 먹는 그런 마음을 가졌으면 합니다.

인생은 흘러가는 물처럼 스쳐 가는 바람처럼 자연의 섭리대로 흘러가듯이 길지도 짧지도 않은 시간을 지나 보니 인생의 희열은 거창한 것에 있지 않다는 것 잘 알고 있잖아요. 결과만을 추구한다면 우리가 살아야 할 이유가 없어지는 것이고 과정이 중요한 의미를 갖는 것이 우리들의 인생이 아니겠어요. 성급하게 결과를 탐하기보다는 꾸준하게 과정을 실천해 나가는 것이 필요한 것 같아요. 큰 꿈과 희망을 간절하게 꿈꾸면서 한 단계 한 단계 성장과 변화로 내공을 쌓아 그날을 위해 잘 준비해서 승리할 수 있도록 파이팅합시다.

2014.04.18

사랑합니다. 고맙습니다. ♥♥♥

(영등포구청장 예비후보에서 Cut-off 통과 후 경선 후보로 치열하게 선거 운동을 하면서 새누리당 영등포 구청장 후보 1명을 뽑는 여론조사가 4월 15일~17일 사이에 있었다. 참신하고 새로운 후보, 기성정치가가 아닌 환경전문가 후보 입장에서 여론조사만으로 경선을 치르는 것이 불합리했지만 당의 결정이니만큼 따르고 승복하기로 했다. 이에 후보에서 낙방할 경우, 상처받고 힘들어할 나를 위하여 사랑하는 아내가 오늘 보내온 詩(1004)의 구절이다.

선거사무실 캠프를 방문한 코메디언 이용식 선생님과 함께

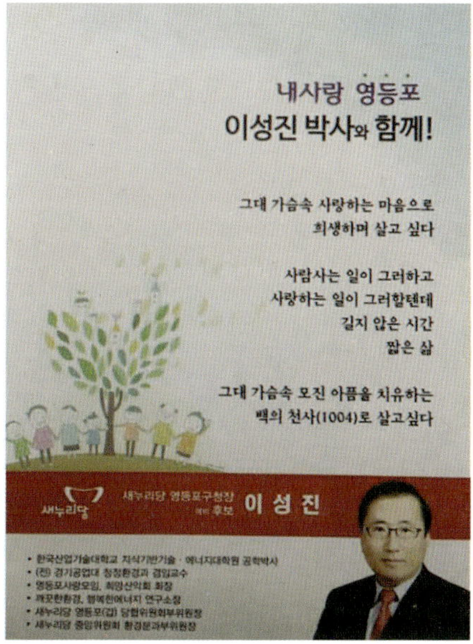

UP

댓글 보기

윤*희 2014년 4월 19일 오전 12:26 ♥ 좋아요
축하해요^^ 두분의 사랑을 내심 더 확인하는 시간이 되었군요.
최고의 선물을 나누었고 모범적인 정직한 유세를 했다고 봅니다.
항상 이성진 이름으로 하나님의 자녀로 부끄럽지 않는 김수금 집사님의 남편이 되세요. 이성진 집사님~~^^ 샬롬

골든벨 2014년 4월 19일 오전 08:01 ♥ 좋아요
헛되지 않을 겁니다. 함께 하지 못하고 도와드리지 못한 점 늘~ 미안하게 생각합니다. 수고하신 모든 것 주님이 다 보고 계셨고 알고 계십니다. 참으로 자랑스럽습니다. "진인사 대천명" 하나님께 모~든 것 다 맡기시고 편안한 주말 보내세요. 이 회장님! 사랑합니다. ♡ 김종성 드립니다.

부부의 날

1년 열두 달, 부부의 날이 있는 것은 참으로 이상한 일이 아닌가? 그러니까 매월 21일은 둘이 하나 되는 날이라고 해서 부부의 날로 정한 것이 아닌가 싶습니다. 평소 대화와 소통의 공간이 없어지며 신뢰의 믿음도 멀어지고 있는 현 가정의 부부를 볼 때, 이혼 가정이 예년보다 높아지고 있는 까닭이 이해가 가는 것 같습니다. 그래서 의미를 둔다면 한 달에 한 번이라도 서로를 이해하며 사랑하며 하루를 부부의 날로 소중하게 보내라는 의미를 둔 것이 아닌가 싶습니다.

요즘 바깥세상의 뉴스를 접하다 보면 이스라엘과 팔레스타인의 전쟁 소식을 접 할 수가 있습니다. 지난 미국 대선 후보로 거론되었던 민주당의 유력한 대선후보 버락 오바마에게 미국 개신교도들의 표심을 잡기 위해 사회를 보았던 오브라이언 앵커의 질문을 떠 올리지 않을 수 없습니다.
"하나님은 이스라엘과 팔레스타인 분쟁에서 누구 편을 들고 있는 것 같습니까?"
오바마는 당황한 기색 없이 에이브러햄 링컨 전 대통령의 말을 인용하며 답을 건넨 것이 화제가 되었습니다.
"먼저 우리가 하나님의 편인지 물어봐야 한다는 것이다."

부부의 날!
나에게 사랑과 믿음을 주려는 아내에게 내가 먼저 사랑과 믿음을 주는 노력이 있어야 한다는 뜻으로 이해를 하게 됩니다.

부부의 날, 굿샷을 외치며. 충주 시그너스CC.

누구든 먼저 사랑과 믿음을 행하게 되면 맞서 싸울 일이 없는 것이고, 엄마 아빠 누구의 편을 들 수도 없다는 이야기가 아닌가 싶습니다.

오늘도 우리 부부는 자연 속 그린 위에서 굿샷을 외쳐 봅니다.

2021.05.23

가을비 우산속, 자연을 벗삼아 굿~샷을 외치다(나의 고향 청평 마이다스CC).

정민이의 결혼식

"정민아, 2021년 8월 28일 멀리 울산에서 있었던 너의 결혼을 이모부가 진심으로 축하한단다."

참으로 오늘, 생각나는 사람이 있습니다. 이 세상을 떠난 지 1년이 채 안 된 것 같아 기억이 더욱 새롭습니다. 그렇게도 이쁘고, 아름답게 키워온 딸(정민)의 결혼을 앞두고 먼저 저세상으로 떠난 사람입니다.

오늘따라 그 사람이 밉습니다. 멀리에서 따님의 결혼을 축하해주고 있겠지 생각하면서도 그 사람은 보이지 않지만, 축하의 노랫소리인 듯 귓가에 맴돌고 있습니다.

귀에 들린다고 생각에 담지 말고
눈에 보인다고 마음에 담지 마라

담아서 상처가 되는 것은 흘려버리고
담아서 더러워지는 것은 쳐다보지 마라

좋은 것만 마음에 가져올 수 없지만
마음을 아프게 하는 것들은 지워버려라

귀에 거슬린다고 귀를 막아버리지 말고
마음을 아프게 한다고 눈을 감지 마라
귀를 열어 놓아야 노래를 부를 수 있고

정민아, 결혼을 축하한다.

눈을 뜨고 있어야 예쁜 것들을 마음에 가져올 수 있으리라

세상에는 슬픈 일보다 기쁜 일이 더 많기에
웃으면서 사는 것이다

－《너를 만나고 나를 알았다》 중에서, 이근대

아름다운 시와 노래를 부를 수 있을 때 불러 보자.
태정민, 둘째 처형의 이쁜 첫 딸이다. 내게 이모부라고 부르던 아이의 결혼식인 것이다. 아빠를 그리워하는 아이의 눈물, 빈자리 허전함을 보여준 처형의 눈물, 오늘 그 사람, 동서 형님의 모습을 지울 수가 없다. 그래서 더없이 정민이의 결혼을 축하할 수밖에 없는 이유이다.
코로나19 거리두기로 많은 사람들이 함께하지는 못했지만, 누구보다도 인생의 새 출발선에 멈추어 서 있는 정민이에게 이모부는 마음을 다하여 힘찬 축하의 박수를 보내며 행진곡을 들려주고 싶다.

2021.08.31

행복한 우리집

아침 봄비가 부슬부슬 내리고 있었다. 그러니까 보름 전, 우리 가족의 행복한 시간을 만들어보고자 계획했던 그날 오늘 이 아침에 비가 내리는 것이다.
늘, 가정에 행복을 위하여 꿈꾸워 왔던 일들 중에 하나일 뿐이지만 많은 시간 아이들과 함께 준비하며 기다려온 시간이니 이 아침에 내리는 봄비가 더욱 얄밉고 아쉬움을 금할 길 없었다.
2021년 6월 KLPGA가 대회가 개최되는 서서울CC의 그린은 정말 한 폭의 그림처럼 포근히 가슴에 와닿았다. 날씨만 좋으면 금상첨화일텐데.
정말 하늘이 나의 간절한 마음을 알아준 것일까. 12시 38분 첫 T-UP인데 30분쯤 부슬부슬 내리던 봄비는 그치고 화창한 날씨로 햇빛마저 멀리 떠나지 않고 가까이에 있었으니 말이다.
정규 홀 처음으로 머리를 올리는 날이다. 준영이 준석이가 앞으로 사회생활을 해나가는데 골프만 한 인생 공부는 없는 것 같다. 그래서 함께하게 된 오늘,

서서울CC 그린에서 행복한 하루.

그 첫 날이다. 평소 말이 없었던 남자아이 준영, 준석은 스스로 말문을 열기 시작하였다. 5시간 동안 라운딩하면서 준영, 준석이가 꿈꾸고 있는 앞으로의 일들이 무엇인지, 그리고 어떤 생각들을 하고 있는지 나는 두 아이를 이해하게 되었고, 보이지 않게 많은 성장을 하게 된 두 아이를 가까이에서 지켜볼 수가 있었다.
사랑하는 나의 가족, 가족이 있기에 내가 힘을 더 낼 수가 있고 나의 가치 또한 소중한 존재임을 알게 되는 것이 아닌가. 행복한 우리 집을 잘 가꾸고 꿈을 키워나가는 것이 그것이 나의 진정한 행복의 가치인 것을.

2021.04.17

UP

댓글 보기

방옥경 2021년 4월 22일 오후 05:55 ♥ 좋아요
단란한 모습의 가족 나들이~^^ 행복이 느껴지네요~~
늘 예쁜 가정 행복한 모습으로 쭈욱 지내시길~~ㅎㅎ

김난이 2021년 4월 22일 오후 11:25 ♥ 좋아요
정말 멋찐 날이였구만.

두려움과 외로움

시계추처럼 밤과 낮이 왔다 갔다. 하루가 가고 또 하루가 온다. 어제와 오늘 달라지는 것은 내가 보이지 않게 늙어간다는 것이다. 내일의 희망보다는 어쩜 두려움이 앞선다. 두려움을 느끼는 것은 자기 안에 있는 무한한 능력을 모르기 때문이다. 곁에 사랑하는 사람이 나를 지키고 있어도 외로움을 느끼는 것은 자기 안에 있는 한 없는 사랑을 모르기 때문일지 모른다.
자기 안에 있는 위대한 능력을 발견하면 삶은 기쁨과 사랑으로 가득할 것이다. 두려움과 외로움은 저절로 사라진다.

두려움과 외로움의 문제는 바로 나 자신의 '나'라는 존재와의 만남에서 이겨내야 할 대상이기 때문에 반드시 사라지도록 싸워서 이겨내야 한다.
나에게 용기와 희망을 주는 것은 아름다운 이웃이 있기 때문이다.
싱글, 벙글 래미안 아파트 GOLF 동호회 이웃이 함께한 참으로 행복했던 지난 시간, 옛 추억을 떠올리며 두려움과 외로움 속에 희망을 꿈꾸어 본다.

2020.08.19

UP

댓글 보기

효숙 2020년 8월 20일 오후 12:05 ♥ 좋아요
회장님 생신이시네요 축하드립니다 ~~^^

이성진(가시꽃을 피운 남자) 2020년 8월 20일 오후 12:11 ♥ 좋아요
효숙
사무국장님 ~~ 감사합니다

아내의 생일날, 제주도에서

지난 4월 사랑하는 아내의 생일을 맞아 3박 4일 제주를 찾아 처음으로 아내에게 골프 입문을 시켜 주게 되었습니다. 머리를 올려준다는 표현이 더욱 쉽게 이해가 될까요?

그냥 피어있는 꽃은 없습니다.
바라보고 만져주고 마음을 나누고
많은 관심속에 꽃은 피울 수 있습니다.

그냥 피어있는 꽃은 없습니다.
마지못해 피어있는 꽃도 없습니다.

그냥 태어난 인생이 없듯이
마지못해 살아가는 인생도
없어야 합니다.

혹한을 견디며 피는 꽃이 아름다운 법입니다.
세속에 찌들어 그 삶이 힘겨워도
사람마다 삶은 아름답고 소중합니다.

세상에 사랑없이 살아남는 것은 없지만
사랑하는 일보다 더 힘든 일도 없습니다.

하지만 사람은
사랑의 힘으로 살고 있습니다.

그 어떤 삶일지라도
당신의 삶을 사랑하십시오.
사랑은 자신을 지키는 힘이며
사랑한 만큼 행복은 배가 됩니다.

한 사람의 인생이라
쉽게 단정하지 마십시오.
어느 누구의 삶에도
고난과 역경이 있기 마련입니다.

그냥 피어있는 인생이지 마십시오.
마지못해 살아가는 삶이지 마십시오.

마음을 비우고 채울 수 있는 덕목으로
살아간다면 즐거움은 가까이에 있습니다.

행복은 작은 미소로부터 시작합니다.
사랑하는 마음으로부터 미소가 만들어집니다.
행복한 삶은 셀프입니다.

대학시절 의형제를 맺은 동생 부부와 함께 제주도에서.

그동안 아름다운 꽃을 피우기 위하여 어렵고 힘든 시간들을 많이 보내야만 했습니다.

아내에게 주문을 외워 봅니다. 자연 그린을 밟으며, 골프 샷을 날리며, 그동안 몰래 쌓아둔 걱정거리와 마음에 숨겨둔 무거운 짐들을 멀리 던져버리라고. 그동안 힘들고 어려운 환경 속에서도 굳건히 나를 지켜주고 믿어주고 변치 않는 사랑을 나누어주는 아내에게 진심으로 전합니다.

"당신을 진심으로 사랑합니다."

2017.08.12

UP

댓글 보기

신범영 2017년 8월 12일 오후 01:00 ♥ 좋아요
이박사님. 보기 좋아요~

라향기** 2017년 8월 12일 오후 02:10 ♥ 좋아요
넘~ 보기 좋다. 행복한 나날 Forevevr~~

재은 2017년 8월 12일 오후 03:25 ♥ 좋아요
멋지세요

안호원 2017년 8월 12일 오후 11:13 ♥ 좋아요
행복하세요. 골프도 입문하시고. 축하드립니다.

전성진 2017년 8월 14일 오후 02:58 ♥ 좋아요
이박사 멋지게 사는구만~~ 보기 좋아요.
친구들과도 그린에서 함 봐야지.

오세완 2017년 9월 26일 오후 11:25 ♥ 좋아요
언제나 멋지시네요~~~ 즐거운 명절 보내세요.

해넘이, 해맞이 여행

2015년 을미년을 보내고, 2016년 병신년을 맞이하는 길목에서 정동진에 와 있다. 그러니까 1박 2일 썬크루즈리조트 기차여행을 온 것이다.
한 해를 뒤돌아보며 내게 부족했던 점은 무엇이었나, 내가 맡은 일, 이웃을 위하는 일, 그리고 관변 단체장을 맡고 국가를 위하여 소홀했던 일들은 또 무엇이었는지, 가장으로서 한 가정의 사랑은 부족하지 않았는지, 뒤돌아보는 시간이다.

새해를 강원도 정동진 동해바다에서 맞이했다. 새해를 계획하며 나의 꿈을 기도한다. 가정에 행복을 꿈꾸며 심신이 건강한 가장으로 우뚝 서길 다짐한다.
새해를 앞둔 첫날, 아침 7시 30분 청량리역에서 원주행 새마을호 열차에 몸을 실었다. 대기하고 있던 버스에 몸을 싣고 오대산 월정사에 도착 피톤치드의 향기를 겨울 찬바람과 함께 월정사 전나무 숲을 산책하며 느껴 본다.
24가지 찬으로 차려진 산채정식을 맛보며 허기진 배를 채운다. 배를 채우는 것은 음식이 아니라 함께 떠난 사랑하는 님의 사랑이라는 것을 깨닫는다.
얼마 전 22일 동짓날이 25주년 결혼기념일이 아니었던가. 대관령 양떼목장을 찾은 것은 처음이다. 그러나 양 떼와 초원은 보이지 않았다. 겨울 하얀 눈이 초원의 숲을 가리고 겨울 추위가 양 떼들을 목장으로 인도한 것이다.
목장 둘레 약 2km 산책하며 오염되지 않은 맑고 깨끗한 공기를 한없이 들이마신다. 공짜라는 생각보다는 마치 해 묵은 생각, 때 묻은 마음을 내뿜는 듯 말이다.
연계버스로 묵호 오랜 전설이 있는 까막바위와 오랜 전통이 있는 묵호 등대

공원을 찾았다. 몇 년 전만 해도 동해안의 가장 큰 항구로 그리고 울릉도 독도로 향하는 출항지로 묵호항은 기억되는 곳이다. 또한 1968년 한국 영화의 흥행을 기록한 영화 〈미워도 다시 한번〉 영화 촬영지로도 유명한 묵호등대는 많은 영화 애호가들이 찾는 곳이 아닌가 싶다.

오후 5시 30분 일찍 저녁을 먹게 되었다. 묵호항 근처 횟집에서 매운탕을 곁들인 메뉴였다. 묵호에서 약 30분 버스로 이동하여 도착한 곳은 우리나라 정방향 동쪽이다. 그래서 정동진이라는 마을 이름으로 불린다.

정동진 썬크루즈리조트는 미국 〈CNN〉이 선정한 '일생에 꼭 한번 가봐야 할 신기한 호텔'로 선정된 곳이다. 마치 높은 산 위에서 배가 떠다니는 모습이다.

해가 바다를 뚫고 떠오르는 모습을 방 안에서 볼 수 있는 객실에 호텔 방문 키를 받았다.

새해가 다가오고 있다. 10, 9, 8, 7…. 카운트다운이 시작되면서 지나가 버리는 을미년의 아쉬움보다는 병신년 새해맞이에 기대감이 큰 것은 왜일까? 이 순간 나이 한 살을 더 먹는다는 서글픔도 잊어버린다.

오늘 군대에 간 첫째 준영이가 새해 1월 1일부로 일병 진급을 한다고 전화가 왔다. 그리고 멀리 해외에서 열공하고 있는 둘째 아들 준석이가 엄마, 아빠의 건강을 물으며 새해에도 복 많이 받으시라고 안부를 묻는다.

2016년 1월 1일 아침 7시 43분쯤 새해 일출을 볼 수 있는 시간이라고 한다.

정동진 해변에서 KBS 생방송 공연이 있어 밤도 잊은 채 피곤함도 잊은 채 구경을 갔다.

정동진 썬크루즈리조트 호텔에서 해넘이, 해맞이를 하다.

많은 인파 속에서 님의 손을 꼭 잡았다. 젊은 인파 속에서 나이를 1살 더 빼먹는 시간의 삶 속에서 건강하고 애틋한 마음으로 님의 따뜻한 손을 꼭 잡은 것이다. 피곤하지만 단잠을 잤다. 핸드폰 알람 소리에 눈을 뜨고 새해맞이 준비를 한다.

새 해님에게 잘 보이려고 몸치장을 한다. 화장도 하며 옷맵시도 단정히 한다. 썬크루즈 전망대에는 이미 많은 인파로 파도를 치듯 출렁인다. 밀치고 떠밀며 해님을 맞이할 가장 가까운 자리에 자리를 잡았다.
마치 신혼 첫날밤, 신혼 방에서 부끄러운 듯 다가오는 신부의 모습처럼 그렇게 붉은 분홍색을 띠며 새해가 바다를 뚫고 살짝 다가오는 것이 아닌가. 신랑은 두 팔 벌려 신부를 맞이하듯 나는 새해를 그렇게 신비롭게 맞이했다.
새해에는 우리나라의 통일과 경제부흥을 기원했고 또한 내 가정의 행복과 내 가족의 건강을 간절히 기도했다. 그리고 내 꿈을 간절히 소원하며, 나를 알고 있는 모든 지인분들의 건강과 행운을 위하여 두 손 모아 눈을 감았다.
새해 아침, 겨울 날씨답지 않게 포근하고 따뜻한 아침을 맞이했다. 이렇듯 새해 하루가 시작되며 우리는 호텔을 떠나 태백 탄광지대로 향했다. 열차 운행이 많았던 철암역에서 산타마을로 유명해진 경북 영주가 종착역인 협곡열차 (V-TRAIN)를 타러 1시간 30분 정도를 버스로 이동했다.
우리나라에서 가장 작은 기차역 양원역 대합실에서 기념사진을 찍고 '하늘도 세평, 땅도 세평'이라는 승부역에서 새해 뜻한바, 모든 승부를 걸어보자는 다짐을 하면서 또 한 컷 기념사진을 찍는다.

협곡열차 종착역인 분천역 근처에서 시골 밥상으로 늦은 시간 1시 30분쯤 점심을 먹었다. 근처 영주 부석사를 구경하지 않을 수 없었다. 국보급 보물이 5가지나 소장되어 있는 유명한 사찰이다. 더 유명한 것은 의장대사가 지붕 모서리에 걸어둔 지팡이에서 가지가 나고 싹이 튼다는 전설이 있기 때문이다.

해넘이, 해맞이 여행중 한 컷.

돌이 공중에 떠 있는 모습에서 부석사라는 절 이름이 만들어졌다고 한다.
구경하기에 시간의 아쉬움을 뒤로 하고 1시간 30분 시간이 흘러서야 충북 제천역에 도착했다.
제천역을 도착하기에 앞서 우리는 충북 단양에서 〈장다리〉라는 식당에서 마늘밥 정식으로 밥상을 맞이했다.
단양은 석층 지대임에도 마늘 재배지로도 유명한 곳이라고 한다. 25가지 마늘만으로 차려진 저녁상은 피곤함을 잊고 추억과 그리움을 남기기에 손색이 없는 먹거리였다.

새해 첫날!
오후 7시 20분 여행의 종착지인 청량리로 떠나는 새마을호 열차에 몸을 싣고 난, 사랑하는 님의 품에 기대어 잠을 청한다.
"여보, 늘 바쁘다는 핑계로 당신에게 소홀했던 점, 그리고 내 꿈을 위해서 모든 것을 당신이 이해하기만을 바랐던 점, 모든 것이 다 내 부족함의 탓이라 생각하오. 새해에는 나 자신에게 좀 더 진실하고 그리고 내 가족에게 좀 더 성실한 당신의 사람으로 자리를 지키겠소."
새해를 맞이하여 우리 집 '가훈'을 다시 한번 마음속 깊이 새겨 봅니다. 언제 어디서든지 이성을 잃지 않고, 늘 하루하루 성실하게 생활하며 누구를 만나든지 진실한 대화를 나누며 살자.
이성 + 성실 + 진실 = 이성진

2016.01.02

해넘이, 해맞이 기차영행

♥ ＜ UP

댓글 보기

오서진 박사 2016년 1월 2일 오후 10:51 ♥ 좋아요
아름다운 가족~^^ 행복하시길^^

쪙미park 2016년 1월 3일 오전 07:00 ♥ 좋아요
멋진 새해를 시작하셨네요.

이선자 2016년 1월 3일 오후 05:32 ♥ 좋아요
행복하고 아름다운 가정과 멋진 부부의 모습 보기좋으네요.

강실비아 2016년 1월 3일 오후 07:00 ♥ 좋아요
박사님 새해에 사모님과 신혼여행 다녀 오신 듯
잉꼬부부의 행복한 모습 참~아름답고 멋지십니다.
역쉬 행복과 평화는 가정에서부터 시작~ 되는 것 같습니다 .
응원의 박수 보냅니다. 멋진 풍경~글~~ 즐감하고 갑니다.

정지인 2016년 1월 3일 오후 11:29 ♥ 좋아요
오랫만이야~~~송구영신 예배 안 가고 해돋이 보러 갔구만^^^

명**나둘사** 2016년 1월 20일 오전 01:16 ♥ 좋아요
좋아 보이시네요~~~~~~

오세완 2016년 2월 28일 오전 11:08 ♥ 좋아요
늦었지만 새해 복 많이 받으세요.

강원 정선에서 여름 나기

외국에서 공부하고 있는 아들이 방학해서 지난 7월 25일 귀국했다. 조카 금영이도 방학해서 오빠보다 좀 더 빠른 21일 귀국을 했다. 오래간만이다. 모처럼 가족이 함께 휴가 여행을 떠나는 것이 처제 가족과 함께 지난 2006년도 일본 오키나와 나하 근교 해변에 9박 10일 여행을 다녀온 지가 벌써 10년이 다가오기 때문이다.

2014년 작년 여름휴가 때가 기억난다. 그때는 조촐하게 우리 4식구만이 함께 한 여행이었다. 2박 3일간의 짧은 여행이었지만 많은 추억을 아이들과 만들면서 소통과 가정의 행복을 나누게 된 시간이었다. 이번 휴가 여행은 특별하게 감사와 그리고 기쁨과 행복을 서로에게 전해 주고받는 소중한 시간을 만들어 보고자 했다.

결혼 25년 만에 처음이자 마지막이 될 수도 있는 처제에게 보내는 편지, 처제

강원 정선 병방치의 대한민국.

짧은 여행이었지만 많은 추억을 아이들과 만들게 된 시간이었다.

에게 감사와 고마움의 편지를 쓰고 아이들 앞에서 편지를 읽어준 일이 감동으로 전해지길 바랄 뿐이다.
짧은 시간 함께한 여행, 가족이기에 더욱 즐거웠고, 행복하고, 더없는 기쁨이었다. 함께한 처제, 금영이 준석이 준영이 그리고 사랑하는 아내, 모두 모두 사랑합니다.

2015.08.10

♥ < UP

댓글 보기

안호원 2015년 8월 10일 오전 09:56 ♥ 좋아요
좋은 가정. 축복합니다

남권** 2015년 8월 10일 오전 10:07 ♥ 좋아요
가화만사성 하시고 좋은 일들만 있으시고 행운 가득하세요.
이번 주도 활기찬 좋은 한 주 되세요.
화이팅입니다. 박사님 ♡♡

이성수 2015년 8월 10일 오전 10:13 ♥ 좋아요
단란한 가족 멋진 곳에 다녀오셨네요. 아주 좋습니다.

안호원 2015년 8월 10일 오후 01:36 ♥ 좋아요
사무실은 이전하셨나요?

권*상 2015년 8월 10일 오후 05:24 ♥ 좋아요
멋진 가족^^ 즐휴 하시게.

김춘선헬레나 2015년 8월 15일 오후 03:09 ♥ 좋아요
아름다운 부부♥ 행복한 가정

정*교 2016년 5월 25일 오후 10:37 ♥ 좋아요
회장님!
가족 분위기 짱이네요~~ㅎ

문화가 있는 날(1)

7일 예술의 전당에서 첼로 독주회가 있었다. 단국대 음대 교수로 재직 중인 홍성은 첼리스트의 공연을 보게 되었다. 우리나라 음악계를 대표하는 첼리스트이다.

그는 줄리아드음대를 졸업하고 비엔나 국립음악원을 졸업한, 음악계의 호평을 받는 연주자이다. 카네기홀에서 데뷔 연주를 영국 Ulster, 미국 Millburug, 체코 Pilzen, KBS교향악단 등, 단국대 음대 교수로 재직하며 후학양성에도 열정을 쏟고 있다.

홍성은 첼리스트와 공연을 끝내고 한 컷 기념사진을 찍었다. 함께 자리한 지인들과도 기념사진을 남기고 메말랐던 감정에 단비를 맞은 듯 힐링의 시간을 보낸 행복한 하루였다.

오늘 하루를 사랑하고 기뻐하자. 어제가 있고 오늘이 있고 내일이 있다는 것은 참 좋은 일이다. 어제는 지나갔기 때문에 좋고 내일은 올 것이 있어서 좋고, 오늘은 무엇이든 할 수 있어서 좋다. 어제를 아쉬워하거나 내일을 염려하기보다는 주어진 오늘을 사랑하고 기뻐하자. 하루를 보내고 또 다른 새로운 아침이 오는 것은 새로운 기회의 기쁨을 날마다 누리라는 뜻이다. 어떻게 하면 하루가 좋아지는지 잘 알고 있다. 새로운 아침을 맞이하면서, 바쁘고 힘든 하루를 보내면서 가장 가까이에 있는 사람에게 진심으로 노래를 불러보자. 그 메아리만큼 오늘의 기쁨이 내일의 희망이 된다는 것을.

2015.04.08

내일을 염려하기보다는 주어진 오늘을 사랑하고 기뻐하자.

문화가 있는 날(2)

뮤지컬 〈당신만이〉

7월, 장마철인데도 30°를 오르내리는 무더위가 지속되고 있다. 이런 무더운 여름, 휴일을 우리 가족은 이렇게 보냈다. 오늘, 용인 〈캐리비안베이〉에 친구들이랑 여행을 떠난 첫째 아들 준영이, 외국에서 공부하고 있는 학생으로서 방학이라고 한국에 왔다가 오늘 태국으로 4박 5일 여행을 떠난 둘째 아들 준석이 늘, 집에는 사랑하는 아내와 둘이 남게 된다.

날씨는 참으로 더웠다. 30평형 에어컨이 있음에도 우리 가족은 냉방을 하지 않는다. 이렇듯 더위를 즐기며 문학여행을 떠나는 것이 일상이 아닐 수 없다. 난, 사랑하는 아내와 함께 아침 교회를 다녀온 후 며칠 전 예약해 두었던 뮤지컬을 보러 가기로 했다. 극장 안은 관람객들로 인산인해를 이루었지만 시원한 분위기와 냉방시설에 피서를 즐기는 듯 뮤지컬을 관람할 수 있었다.

부부여 무엇으로 사는가?

긴 세월 연인에서 원수 그리고 동반자로 살아온 그들만의 이야기, 보통 사람들이 살아가는 이야기에 추억과 향수로 남은 명곡들을 더해 사랑 냄새가 더 감동적으로 우리 부부의 가슴에 와닿았다. 공연이 끝나는 내내 우리 부부는 손을 꼭 잡고 놓지를 않았다. 무더운 여름 참으로 시원하고 행복한 하루를 보낼 수 있었다.

2014.07.20

뮤지컬 "당신만이" 주인공으로 한 컷.

짧은 메시지가 주는 감동

아~ 열차 창문에 빗방울 소리가 내 뺨을 때리듯 세차게 내리친다.
아~ 빗방울이 그쳤나 쉽더니 어두컴컴한 터널 속을 달리고 있다.
아~ 피곤하고 지친 몸을 일으켜 세우며 철길 위에 마음을 싣고 달려간다.
아~ 비가 내린다. 내 맘을 아프게 한 차창 가에 빗물은 내 잡념을 안고 흩어져 버린다. 지금 난 따듯하고, 포근한 나의 휴식처 사랑하는 님의 곁으로 달려간다. (MMS 오후 6:28)

“난 당신이 너무 좋아요.” ♡♡♡ 감성이 넘 풍부해서 글도 잘 쓰고 감탄이 저절로 나옵니다. 역시 내 남편이 최고입니다. 당신의 맘 아픔과 힘든 삶이 고스란히 이 글 속에 담겨 있네요. 따뜻한 마음과 웃음으로 꼭 안아 드릴게요. 사랑하는 마음 가득가득 담아 보내드립니다.♡♡♡ (MMS 오후 7:09)

다시 태어나도 함께하고 싶은 사람, 나누고 싶은 사랑, 이박사를 위하여 애쓰시는 당신의 그 소중한 마음, 때 묻지 않고, 초라하지 않게 잘 지켜가며 더욱 행복한 삶을 요리해드리겠습니다. ♡♡♡ (MMS 오후 7:18)

네, 황제폐하 넘 기분 좋고 행복합니다. 나도 이박사님을 위해 최선을 다해 존경하고 사랑할 것을 굳게 다짐합니다. 아멘. (MMS 오후 7:25)

3월 13일 목요일 여수산업단지에 소각로 건설공사 관련 비즈니스로 출장을 가게 되었다. 서울로 올라오는 약 4시간 40분 소요 시간 동안 무궁화호 열차

안에서 사랑하는 아내와 주고받은 메시지의 내용들이다. 늘, 힘이 되어주는 그 사람이 고마울 따름이다. 2014.03.13

UP

댓글 보기

김용승신길동여의도동 2014년 3월 13일 오후 08:24 ♥ 좋아요
간질간질. 님은 지금 천국입니다.

지금란 2014년 3월 14일 오후 08:36 ♥ 좋아요
부창부수~~아직도 애뜻하게 사랑하며 살아가는 부부에 모습 본받고 싶으이ㅋ 황제폐하 행복 차고 넘치소서~^^~

남권** 2014년 3월 14일 오후 08:50 ♥ 좋아요
두 분의 곱고 고운 사랑 ♥♥ 넘 아름답습니다. 한편의 멋진 시를 읽는 느낌입니다. 편한 밤 되시고 월요일날 반갑게 뵙겠습니다. 푹 쉬십시오. 박사님♥♥

다시 태어나도 당신만을

4월 1일 만우절이다. 하지만 오늘은 나의 생일이다. 아침 6시 폰에 예약된 벨소리에 눈을 뜨고, 밤사이 내 폰에 전달된 사랑스러운 아내의 메시지를 읽는다. 축하와 사랑을 담은 장문의 글을 몇 번이고 읽어보면서, 3월 3일 출판기념일에 있었던 아내 말이 떠올랐다.
"이 세상에 다시 태어나도 이 박사님과 함께하고 싶다."
생일 케이크 촛불, 숫자가 하나, 둘 늘어 날 때마다 그 사랑은 더 깊어져 간다. 오늘 아내로부터 나만의 냄새를 지켜줄 스킨로션을 축하의 메시지와 함께 선물 받았다. 또한, 아들 준영이로부터 아빠의 생일선물로 선거 운동을 열심히 해 달라는 큰아들의 마음이 담긴 운동화를 선물 받았다. 멀리 타국에서 공부하고 있는 둘째 아들 준석이가 보고 싶어진다.

양평2동 IS 비즈니스빌딩에서 걷기대회 발대식이 있었다. 6.4지방선거 출마자들이 대거 참석 선거 운동을 하고 있었다. 늘 그래왔듯이 오늘도 난 사랑하는 아내와 함께 명함을 나누어주며, 선거 운동을 하면서 안양 천변 벚꽃길을 걸었다. 선거는 축제가 되어야 한다. 오늘 나의 생일 하루는 이렇게 바쁘게 지나간다.

2014.04.01

영등포구민의 마음을 얻기 위하여 선거운동에 임하다.
(아내의 사랑이 담긴 선물과 아들의 마음이 담긴 운동화)

UP

댓글 보기

문경숙文世羅세라문 2014년 4월 2일 오전 12:18 ♥ 좋아요
이성진 박사님♥♥ 넘 고생 많으셨어요. 더 좋은 일들이 많이 생길 거라 믿습니다. 건강 잘 챙기시고 행복과 행운 가득하세요.

서옥녀 2014년 4월 2일 오전 02:28 ♥ 좋아요
탄생을 감축드리옵니다. 생의 최고의 날 되시옵소서. 짝짝짝 칭~~~~
러브~러브~~^♡^

이성진(가시꽃을 피운 남자) 2014년 4월 2일 오전 08:29 ♥ 좋아요
문경숙히포크레네19660101묘시(양력)
가까이에서 늘, 힘이 되어주는 외교부장님 ~~
감사드립니다.

이성진(가시꽃을 피운 남자) 2014년 4월 2일 오전 08:30 ♥ 좋아요
서옥녀 늘, 함께 해줘서 고맙고 생일 축하 고마워요.

전성진 2014년 4월 2일 오전 09:35 ♥ 좋아요
축하하네~~ 건투를 빕니다!

남권** 2014년 4월 2일 오전 11:31 ♥ 좋아요
새소리 싱그럽고 꽃 내음새 세상을 물들이는 봄!!!
4월입니다.
산뜻하고 활기찬 발걸음으로 첫 발을 내딛는 좋은 시간 되시고,
행복의 미소가 만개하는 4월 한 달 되시길 소망합니다!!! ^^♡♡♡
늦었지만 진심으로 축하드립니다. 행복하시고 선전하시어 꼭 좋은 일 있으시길 기원드립니다. 화이팅♥♥

이순우 2014년 4월 2일 오후 02:07 ♥ 좋아요
성진아, 생일 축하한다.^^

Koo Tae Chang 2014년 4월 3일 오전 12:07 ♥ 좋아요
지금 보았네. 친구님 축하해. 항상 건강하고 선거도 좋은 결과 같이 하길.

나그네 2014년 4월 3일 오후 07:05 ♥ 좋아요
생일 축하하네. 이박사^^

오늘 하루 최고의 날

"축하합니다. 당신의 생일을!"

4.17 세상에 눈을 뜨고 케익에 촛불이 하나둘 더 꽂히더니 벌써 큰 촛불이 다섯 개, 작은 촛불이 여러 개 세상의 불을 밝히고 있지만, 세상이 밝아지는가 싶더니 더욱더 세상이 어둑어둑 흐릿하게 보여만 간다.

나이 탓이려니 생각하니 쓸쓸해지는것 같다. 그래도 기쁨을 나누고 인생의 행복한 참 맛은 여기에 있는 것 같다. 함께하는 마음, 그것은 인간관계 속의 연결고리가 아닌가. 그 기쁨은 두 배를 넘어 열 배로 넘쳤다.

미국의 카네기 공대 졸업생을 추적 조사한 결과 그들은 한결같이 이구동성으로 "성공하는데 전문적인 지식이나 기술은 15%밖에 영향을 주지 않았으며 나머지 85%가 인간관계였다"고 말한다.

우리 주위의 성공한 사람들을 보면 하찮다고 생각할 만한 작은 일도 소홀히 하지 않고 잘 챙겨서 여러 사람과 좋은 관계를 맺어온 것이 사실이다.

그들은 특히 "세 가지 방문"을 잘했다고 한다.

"입의 방문", "손의 방문" 그리고 "발의 방문"이다.

1. "입의 방문"은 전화나 말로써 사람을 부드럽게 하며 칭찬하는 것이고 용기를 주는 관계를 말한다.
2. "손의 방문"은 편지를 써서 사랑하는 진솔한 마음을 전달하는 소통의 관계, 그리고
3. "발의 방문"은 상대가 병들거나 어려움이 있을 때 그리고 기쁜 일이 있을 때 경조사를 찾아 함께하는 만남의 관계를 이야기하는 것을 말할 수 있다.

고기는 씹어야 맛이고, 말은 누구에게 건네야 그 맛이 난다.

생일 축하를 건네주는 지인분들과 함께.

칭찬은 할수록 늘고 편지는 쓸수록 감동을 주며 어려운 이는 찾아갈수록 더욱 친근해진다.

인간관계에 감동을 주는 사람은 오랫동안 기억에 남는다.

오늘, 나의 생일을 축하해주고 SNS를 통해서도 축하의 메시지를 보내준 여러 분들이 기억에 남을 것 같다. 특히 함께 와인을 마시고, 촛불을 밝혀준 회사 직원분들, 먼 친척보다도 더 애틋하고 그리운 이웃사촌, 래미안 프레비뉴 싱글&벙글 회원님들, 그리고 늘 곁에서 변함없이 내조를 아끼지 않는 가장 소중한 아내 수금씨에게도 고마움과 감사의 예를 보낸다.

2018.04.17

UP

댓글 보기

청소년 2018년 4월 17일 오후 08:27 ♥ 좋아요
머리보다 마음이 중요하다고 합니다.
마음은 생명의 자리이라고 항상 긍정으로 세상을 보고
긍정으로 삶에 흔적을 만들어 가시는 가시꽃을 피운 남자
이성진 회장님에 생신을 진심으로 축하 축카를 드립 니다·
더욱 더 우리의 삶에 아름다운 꽃을 피워 꼭 향기를 널리 퍼트려 주시는
님이 되어 주시기를 간절히 소망합니다.

라향기** 2018년 4월 17일 오후 09:49 ♥ 좋아요
놀만 친구~~~
즐거운 시간 보내고 있군!!

이옥분 2018년 4월 17일 오후 10:04 ♥ 좋아요
회장님, 생신 축하드립니다. 건강하신 성공 기원 드립니다.

샘을찾아서국용호 2018년 4월 20일 오전 08:13 ♥ 좋아요
늘 건강하세요, 늘 행복하세요, 늘 함께 웃어요. 감사합니다.

국가 안보의 초석, 가정 안보교육

호국의 달 6월 28일 토요일 주말에 모처럼 4식구가 함께하는 여행이었다.

정말 뜻있고 살아 숨 쉬는 듯 긴장감이 멈출 줄 모르는 시간이었다. 부대를 비롯하여, DMZ, 제3땅굴을 견학하면서 평소 안보의 중요함을 다시금 깨닫는 기회를 얻게 되었다.

환경이라는 소재를 통하여 알게 된 제1사단 연대장님의 초청으로 연대장님 두 내외분과 함께한 하루였다. 아직 군 생활 경험이 없는 아들 준영이, 준석이 그리고 아내 수금 씨의 관심을 해소하기엔 더없이 짧은 하루가 아닌가 싶었다.

수도기계화사단 맹호부대에서 정훈병으로서 군 생활을 마친지 벌써 30여 년, 세월이 흐른 뒤라서 나 또한 감회가 새로웠다. 둘러보니 많은 곳에서 군 생활의 변화와 발전이 있었음을 느낄 수 있었다.

가정의 안보 교육은 국가안보의 초석이 된다. 가정의 안보 교육이 국가의 안보역량을 강화할 수 있고 나아가 국가의 번영을 이루게 할 수 있다.

오늘 함께 해준 연대장님께 감사의 인사를 드리면서 소중한 인연 잘 간직하도록 약속드린다.

2014.06.30

가정의 안보는 국가의 안보.

UP

댓글 보기

김용승신길동여의도동 2014년 6월 30일 오후 07:51 ♥ 좋아요
잘 다녀오셨습니까? 저도 한번 가족과 다녀와야겠습니다. ^^

김춘선헬레나 2014년 6월 30일 오후 09:23 ♥ 좋아요
단란한 가족의 행복한 모습입니다.~♥

윤*희 2014년 6월 30일 오후 10:18 ♥ 좋아요
보기좋아요^^
전도 여행다녀 와서 주일 잠심 같이 못해서 아쉬웠지만 주님의 명령 준행함이 더 큰 기쁨십니다. 자손의 번창도 큰 축복입니다
아버지의 노력이 더 멋있는 시간이네요. 샬롬

라향기** 2014년 7월 1일 오후 12:09 ♥ 좋아요
가족과 함께한 소중한 시간이었네??
돈으로도 살수없는 귀한시간인 만큼 귀한 사랑으로 영원하소서~

홍대유 2014년 7월 2일 오후 07:33 ♥ 좋아요
행복한 가족 보기 좋아요.

,

신나게 사는 사람은 늙지 않는다.

에드먼드 힐러리

내가 정복한 것은 산이 아니라, 나 자신이다.

절영지회(節瓔之會)

남의 잘못을 탓하지 마라.

남의 단점을 보지도 말고, 나의 단점을 정당화하지 마라.

오로지 나의 단점을 고치기에 힘쓰라.

2장

봉사하는 삶, 땀의 열매, 그 씨앗을 뿌리다

희망온돌 따뜻한 겨울나기

영등포구의 아트홀센터 2층에서 사랑의 동전 모금행사가 있었다. 국회의원, 구청장 등 관내 구의원 및 단체장 그리고 많은 구민이 참석한 가운데 방송녹화가 있었던 것이다.

아나운서와의 인터뷰에서 어떻게 모금함에 기부하게 되었냐는 질문에 "사자성어 중에 '교칠지교'라는 말이 있습니다. 재물을 가진 자는 나눔을, 많이 배우고 재능을 가진 자는 재능 기부를, 건강한 자는 봉사를 통한 배려를. 이렇듯 구민이 모두 함께 어우러져야 빛이 되고 맑은소리가 나는 사회를 만들어 갈 수 있다고 생각합니다. 또한 자유와 평화 없이는 민주주의가 존재할 수 없듯이 자유수호 옹위를 위한 안보교육 및 여러 가지 봉사 활동을 통하여 지역의 그늘진 곳, 이웃을 찾아 따뜻함을 나누고자 하는 정신에 입각한 마음의 출발점에서 오늘 이런 행사에 함께 참여할 수 있었다고 생각합니다."

많은 구민들이 보고 듣고 생각을 나누고 생활의 소식 매체로 지역방송으로 주목받고 있는 CMB와의 인터뷰였다.

인터뷰 후 영등포구에 주목받고 있는 봉사단체가 있어 함께 차 한잔을 나누게 되었다. 영등포장애인부모회가 발달장애인들을 위한 희망 일터, 꿈더하기 카페에서 차 한잔을 대접 받은 것이다. 자녀들이 모두 신체 및 발달 장애아들이라며 학부모들로 구성된 단체로 회원 수가 삼백 명 가까이 된다고 한다.

한국자유총연맹 영등포구지회와 꿈 더하기 단체와 함께 할 수 있는 봉사활동이 무엇이 있는지 함께 계획을 하기로 했다. 2016년 병신년에는 좀 더 많은 이웃을 생각하고 함께하는 따뜻한 새해가 되길 기대해 본다.

2015.12.19

CMB 생방송 인터뷰 / 따뜻한 겨울나기.

UP

댓글 보기

김성원 2015년 12월 20일 오전 08:17 ♥ 좋아요
늘 작은 사랑에 감사하며 늘 작은 행복에 감사하며
늘 작은 관심에 감사하며 살자!

오세완 2015년 12월 29일 오전 11:06 ♥ 좋아요
새해 복 많이 받으세요.

삶이 나에게 말을 걸어올 때

2018년 한 해를 마무리하는 하루를 앞두고 삶이 나에게 말을 걸어온다면?

나라사랑, 부모사랑, 이웃사랑, 자연사랑.

나는 삶의 지표라고 생각한다.

〈충효예〉라는 단체 자문위원으로 몸을 담고 봉사활동을 시작한 지 다섯 해가 지나가고 있다.

일상 사회생활을 보면 궁핍해져만 가는 양심과 도덕의 메마른 감성을 주위에서 자주 보고 느끼고 체험하곤 한다,

〈충효예〉라는 영등포구지회 단체는 이웃사랑 경로잔치, 나라사랑 웅변대회, 자연사랑 산악회라든가 지역에서 여러 활동을 하면서 지역주민들로부터 많은 사랑을 받아 오고 있다,

〈충효예〉라는 단체가 활동하든, 하지 않든, 존재 운영되고 있다는 그 자체 이미지 효과만으로도 관심을 받을 수밖에 없을 것이다. 어릴 적 초등학교 시절에는 제일 중요시하게 교육에 치중했던 '도덕'이라는 과목이 있었다. 지금은 입시 위주의 과목을 중요시하다 보니 '충, 효, 예'에 가까운 '도덕'의 교육은 저만큼 있는 것이 아닌가 생각한다. '매실을 보며 갈증을 해소한다'라는 말이 있다. 또한, 아무리 마음에 드는 물건이라도 가질 수 없는 경우를 '그림의 떡(화중지병)'이라고도 한다. 하지만 그림의 떡이 전혀 필요가 없는 것일까? 아무런 실속이 없는 일이긴 해도 그림의 떡으로 굶주린 배를 채운다는 '화병충기(畵餠充飢)' 사자성어대로 허황된 공상으로 스스로 위안 삼는 이점이 있다는 것을 부정할 수 없다. 신 과일의 대명사 매실을 바라보기만 하여도 입에 침이 고여 목마름이 해소된다는 이 성어도 마찬가지다.

중국 삼국시대 때 위나라의 조조가 대군을 거느리고 행군을 하고 있었을 때, 무더위에 지친 장병들은 행군중 녹초가 되어 마실 물도 떨어지고 싸울 기력조차 없었다고 한다.
잔재주에 뛰어난 조조가 한 가지 절묘한 꾀를 생각해내고서는 병사들을 향해 외쳤다. "저 산 너머에는 매화나무 숲이 있다고 한다. 거기에는 매실이 주렁주렁 풍부히 달려 있다. 어서 가서 맛도 달고 신 매실을 먹으면 갈증을 풀 수 있을 것이다." 이에 병사들은 매실이라는 소리만 듣고 자신도 모르게 입에서 침이 돌면서 정신을 차려 행군을 계속했다고 한다.

망매지갈(望梅止渴).
매실 열매를 상상하며 이미지만으로도 갈증을 해소하며 행군을 지속하여 전쟁에서 승리할 수 있었다는 것은 조조 장군의 이미지 전력이 크다고 할 수 있다. 또한, 많은 스포츠인이 그렇듯이 이미지 트레이닝은 중요하다. 훈련과 접목하여 실전에서 활용한다는 이미지 트레이닝은 정말 효과가 있는 것 같다.
그 훈련이 직접 내 몸에 근육량을 늘려주어 운동 수행 능력을 높여주는 건 아니지만. 뇌를 활용한 근 신경계의 민감도를 향상시키는 상상 훈련함으로써 그 동작에 필요한 근육 신경에 자꾸 인지시켜 효과를 보는 거라고 할 수 있다. 가장 흔한 예로 우리가 많이 들어본 '쉐도우 복싱(Shadow Boxing)' 또한 이런 이미지트레이닝을 이용한 방법이다. 실제 스파링을 하지 않고도 혼자서 앞에 상대가 있는 것으로 가정하고 동작을 수행하는 것인데, 그냥 앉아서 머릿속으로만 상상하는 것과 실제 연습해야 하는 동작이 접목되어 더 좋은 효과를 만들어 낼 수가 있다고 한다.

기량을 희구(希求)하는 골프, 테니스. 배드민턴인들이 많다. 당장 골프장이나 코트나 시합장에 나갈 수가 있는 처지가 아니라면 라켓을 쥐고 골프채를 들고 상상을 하면서 빈 스윙을 하면서 실력을 향상하는 것이다. 빈손으로 그립을 만들어서 이미지를 하면서 동작을 반복하면 그에 대한 갈증이 조금이라도 해소되지 않을까?

〈충효예〉라는 단체는 존재되고, 운영되고 있다는 그 자체만으로도 〈충효예〉를 바라보는 모든 사람의 이미지만으로도 이 사회는 더욱 밝아지고 메마른 사회의 갈증을 해소하는 큰 믿음의 단체로서 추구하고자 하는 교육의 효과가 있을 것이라고 나는 말을 남긴다.

영등포구민 여러분!

기해년 새해 복 많이 받으시고 건강하세요.

2018.12.31

UP

댓글 보기

정지인 2018년 12월 31일 오후 03:44 ♥ 좋아요

충.효.예. 맞는 옳으신 말씀 공감합니다.
끝까지 잘 읽었습니다.
2019년에는 더욱 더 화이팅 하세요~~

이성진(가시꽃을 피운 남자) 2018년 12월 31일 오후 03:54 ♥ 좋아요

정지인~~~
새해 복 많이 받으세요.

삶을 이야기하다. 충,효,예 영등포 최화엽 회장님과 함께.

깨끗한 환경, 행복한 에너지

그러니까 2001년 내가 대표자로서 창업한 회사의 상표로고로 특허청에 등록한 문구이다. 벌써 20년이 된 듯하다.

주식회사 '에코엔 탑', '에코엔 서비스'를 창업하면서 20년 이상 환경을 위하여 몸담아온 나의 발자취이기도 하며, 누구보다도 환경 엔지니어로서 자부심과 긍지를 가지고 오직 한 길만을 걸어온 나의 그림자이기도 하다. 또한, 환경을 지키고 보존하자는 사업의 목표이자 삶의 방향으로 환경을 통하여 삶을 에너지로 바꾸려는 나의 뜻이기도 하다.

《가시 꽃을 피운 남자》라는 소설을 쓴 작가로서 뒤돌아보면 지난 과거는 평온하지만은 않았다. 참으로 많은 어려움과 힘들었던 일들을 극복하고 이제 스스로 내 몸을 보호하기 위한 가시 꽃을 피울 수가 있지 않았는가?

자연의 폐기물을 연료(SRF)로 만들어 소각 시 발생 되는 열원으로 전기도 생산하고 스팀도 판매하는 신재생에너지 건설사업에 지금 나의 직원들은 현장에서 열심히 땀을 흘리고 있다. 휴일인데도 건설된 소각 사업장을 운영하고 관리하는 직원 또한 마르지 않은 땀을 나는 매우 고맙게 생각한다.

나는 오늘, 그 삶의 현장을 방문했다. 따뜻한 커피 한 잔에 땀을 닦으며 직원들의 숨소리를 듣고 있다. 사업가로서 돈을 벌어야 한다는 생각보다는, 환경 전문가로서 긍지와 자부심으로서 성공적인 프로젝트의 성공을 기원하는 마음으로 격려와 응원을 아낌없이 보내고자 한다.

시공사로 선정된 주식회사 '에코엔 서비스'의 대표로서 아니 환경 전문가의 환경 공학박사로서 그 막중한 프로젝트를 맡기고 의뢰한 USER의 기대를 저버리지 않겠다는 내 생각은 흔들림이 없다. 환경을 생각하는 마음, 나 자신을 사

BIO-SRF 건설현장 및 소각로 운전실에서 직원과 함께.

랑하고 아끼는 그 마음처럼 소중하게 가꾸고, 지키고 또한 보존해야 하지 않겠는가? 깨끗한 환경에서 행복한 삶의 에너지가 만들어진다는 나의 철학이 바로 그것이다.

2021. 5. 15

당신을 사랑하듯 환경을 사랑합니다

오늘, 아침 출근 밥상에 고기반찬이 올랐다.
오늘따라 아내가 더욱 예뻐 보이고 아름답기 그지없었다.

임진왜란 당시 이순신 장군은 '평선'이라는 관기가 차려준 남해안의 별미로 알려진 생선 고기를 먹고 싸움에서 전승하듯이 힘을 낼 수 있었다고 한다. 관기 평선이가 고기를 구워서 밥상에 올림으로써 '구운 평선'이라고 불리게 되면서 '금풍생이(군평선)'이가 되었다는 생선 이름을 기억하지 않을 수가 없다.

금풍생이는 아니어도 힘이 나는 아침 밥상을 받는다. 오늘, 경주 어느 공단에서 KTX를 타고 출장을 떠난다. 금풍생이 고기를 먹고 힘을 내 전승을 거둘 수 있었던 이순신 장군의 전략과 전술은 오늘 내가 계약과 더불어 만선의 성과를 가지고 집으로 금의환향 돌아와야겠다.

2020.04.09

UP

댓글 보기

yang금순 2020년 4월 9일 오후 02:21 ♥ 좋아요
ㅎ, ㅎ홧-팅!!~~...

이성진(가시꽃을 피운 남자) 2020년 4월 9일 오후 02:21 ♥ 좋아요
yang금순
늘, 고마운 사람~~ 홧팅

(주)가나에너지 소각로 설비 전경 / 운영사 : (주)에코엔서비스

기업가 정신 콘서트에 참석하고 나서

최근 경북 관내 우리나라 의료폐기물 처리 점유율 상위권에 있는 ESG라는 중견기업과 환경오염방지시설 De-NOx SYSTEM의 SCR 제작, 설치 공사를 하기로 하여 소규모 사업장 방지시설 지원사업에 참여했다.
국가에서 설치비 90%를 자부담 10%의 비용을 들여 우리나라 환경오염을 줄여보자는 국가 정책으로 지난 4월 '대기환경권역법'이 시행된 직후였다. 지난 3개월 동안 당사는 설계부터 많은 시간과 기술을 투자해가며 결실을 얻고자 노력을 아끼지 않았다.

공사비 8억에 가까운, 우리 회사로서는 작지 않은 공사금액이기에 열과 정성을 다한 것이 실망을 더욱 크게 한 것 같다.
"장사꾼도 상호 거래 간 신뢰를 지키기 위하여 손실을 감수한다"라고 한다는데 기업가 정신은 어디로 갔는가? 법과 원칙을 지키기에 앞서 상호 믿음과 신뢰를 존중하며 상호 이윤을 창출하는 것이 그 정신이라고 생각한다.
기업가 정신(Entrepreneur Ship)에서 그 경영은 사람이 하는 것이며, 사람은 정직하고 바르게 일을 해야 한다. 그래서 사람이 중요한 것이 아닌가?

마케팅이라는 단어를 창시했고 경영학의 아버지로 불리는 피터 드러커(P. Drcuker)가 던지는 "내가 죽은 다음 세상에 어떤 사람으로 기억되기를 바라느냐"라는 질문에 나는 최근 며칠 전에 겪은 ESG라는 회사를 떠올리지 않을 수가 없다. 시작이야 어떻든 서로의 약속을 지키기 위하여 우리 회사는 국가로부터 지원금을 받기 위해 노력을 아끼지 않고, 끝까지 신뢰를 지키며 소규

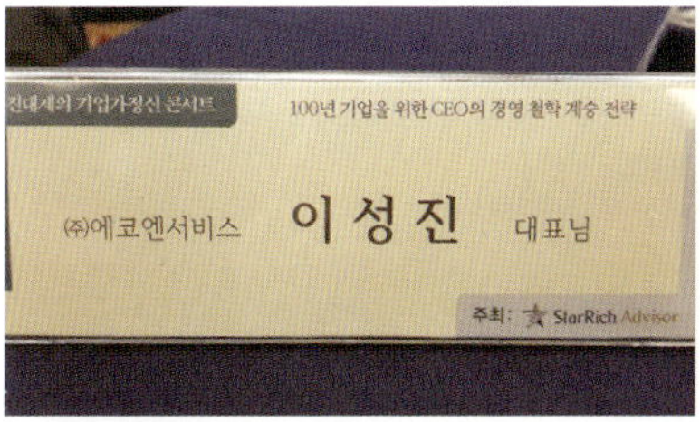

기업 이미지의 가치는 어디에 있는가.

모 방지시설 지원 사업의 그 성과를 눈앞에 두고 있다. 단지 공사비가 비싸다는 이유만으로 선택된 결정이라 보지 않는다.

견적 단계에서 불공정하고 상도의상 있을 수 없는 일을 만들어 가며 보다 저렴한 업체로 새로운 계약을 변경하여야만 하는 그런 회사의 기업가 정신이 무엇인지를 묻고 싶다. 기업 이미지의 가치는 어디에 있는가.

나를 변화시킨 깨달음, 모든 사람은 다르며 다르다는 것은 틀린 것이 아니다.

오늘 양재동 "The K Hotel"에서 있었던 〈사단법인 글로벌기업가정신협회〉에서 주관한 기업가 정신 콘서트에서 얻은 삶의 지식이다.

모든 원인을 자신에게로 돌리고 타협의 범위를 넓히라고 한다, 이는 "귀는 더 넓히고, 입은 닫고, 그 사람의 공간에서 소통을 시작하라"는 것이다. 상식적으로도 상도의적으로도 불공정한 거래와 원칙을 변칙으로 생각하는 기업, 그래서 얻는 회사 이윤의 가치는 얼마나 될까? 그런 기업가가 사라지길 바랄 뿐이며, 그런 회사의 판단이 나와 다를 뿐, 틀리지 않기를 바란다.

2020.07.24

환경, 지키고 가꾸고 물려주자

'깨끗한 환경, 행복한 에너지' 연구소장, 그리고 환경 전문 플랜트 회사 '주식회사 에코엔 서비스'를 운영하는 환경전문인으로서 오늘, 감사패 수상은 남다르다.
그러니까 '갑'과 '을' 사이에 '을'은 책임과 성실 시공으로, '갑'은 감사패의 수여로 준공식을 함께 마무리하게 되어서 더없이 뜻깊은 날이 아닐 수 없다. 돈을 번다는 생각의 '사업'보다는 우리나라 환경에 이바지한다는 신념에서 그 의미를 찾을 수 있다. 지난, 2018년 6월 18일 공사 관련 제작, 설계, 시공계약을 한, 이후에 약 150여 일 만에 준공이다.

주식회사 광메탈은 2009년 9월 제1공장을 설립하여 2017년 300억 원의 매출을 달성, 매출의 96%($2,586만)를 전량 수출하는 회사이다. 금일(2018. 11. 23) 준공하는 원남산업단지 제2공장은 3,000평의 대지 위에 사각 용융로 2기를 비롯, 주식회사 에코엔 서비스에서 제작, 설계, 시공된 '대기오염방지시설'을 포함, 약 100억의 가까운 공사비가 투자된 공장이다. 폐자원을 재생하는 재활용업체로서 비철금속 스크랩, 폐수처리 무기성 오니, 폐회로기판, 기타 광재류를 용융시켜 잉곳, 조동을 (연간 18,000/톤) 생산하여 전량 수출하는 환경 선두기업으로 알려져 있다.
우리는 '환경'과 '경제' 속에서 어느 한쪽으로 치우쳐서 그릇된 삶을 살아갈 수가 없다. 환경도 중요하지만, 더욱이 경제도 간과해서는 안 될 삶의 중요한 요소이기 때문이다.
사랑만으로는 한 가정을 지탱하는 데에는 한계가 있다. 경제적 뒷받침없이는

(주)광메탈 환경 플랜트 성실시공으로 감사패 수상

그 사랑도 유지하고 지키기 어려운 현실이 되어 버린 것 또한 사실이다. 따라서 "환경과 경제"는 앞, 뒤 서로 공존하는 100원짜리 동전의 일생과도 다를 바가 없다. 상생하는 환경정책, 환경운동, 환경교육이 절실히 필요한 때이다.
오늘 감사패를 수여해주신 관계자 여러분께 진심으로 감사를 드린다.
아울러 '미세먼지 없는 환경'을 위하여 더욱더 노력하는 기업인이 될 것이다.

2018.11.23

UP

댓글 보기

김인자 2018년 11월 23일 오후 06:50 ♥ 좋아요
안녕하세요. 먼저 모든 나라가 미세 먼지 없는 생활을 하면 얼마나 좋겠지만은 현실은 먼 이야기입니다. 하지만 그런 좋은 생활 환경을 만들어 주시려고 노력하시는 울 에코엔서비스 사장님의 노고에 감사드립니다. 오늘 깜짝쇼처럼 정말 쇼가 아닌 (주)광메탈 제2공장 준공식에서 누구보다도 환경에 관심과 신경을 쓰는 기업인으로 감사패를 받으신 것에 대해서 다시한번 축하드립니다.

민경숙_애수 2018년 11월 23일 오후 06:55 ♥ 좋아요
축하드립니다~~~~~

이옥분 2018년 11월 23일 오후 10:27 ♥ 좋아요
축하 드립니다.

seon 2018년 11월 25일 오후 08:17 ♥ 좋아요
좋은 환경을 위해 늘 애쓰는 이박사님! 존경하구 고맙습니다~ 더욱더 홧팅하성.

효숙 2018년 12월 16일 오후 04:16 ♥ 좋아요
축하드려요. 회장님~~^^

환경기술 CEO 대상

지난 6월 17일 강남 대치동 섬유센터 17층 국제 회의장에서 시상식이 있었다. 산업자원부, 한국섬유산업연합회,한국의류산업협회, 한국패션협회, 한국잡지협회, 창업진흥원에서 후원하는 시상식이었다.
함께 축하해주시기 위하여 김재윤 국회의원님 및 잡지협회 회장님이신 남궁영웅 교수님 그리고 나의 동료들이 자리를 빛내주었다.

2013.06.19

환경기술 CEO 대상. 동국대 APP 동문님들과 함께.

UP

댓글 보기

라향기** 2013년 6월 19일 오전 09:59 ♥ 좋아요
축하합니다^^ 친구!! 더욱 발전하길~~~

유*열 2013년 6월 19일 오전 11:04 ♥ 좋아요
축하합니다. 성진 친구의 무궁한 발전을 기원합니다.

최병열 2013년 6월 19일 오전 11:15 ♥ 좋아요
축하합니다. ^^^

환경의 날 기념행사

'환경의 날'의 기원은 1972년 국제연합(UN) 제27차 총회에서 제정된 '세계 환경의 날(World Environment Day)'이다. 산업과 과학기술의 급속한 발달에 따라 환경오염이 심각해지자 1968년 제23차 총회에서 환경 회의를 개최할 것을 결의했다.

1972년 6월 5일부터 스웨덴의 스톡홀름에서 '하나뿐인 지구(Only, One Earth)'를 주제로 한국을 비롯한 113개국의 대표가 참가한 가운데 최초의 환경 관련 회의인 유엔인간환경회의(UNCHE)가 진행되었으며, 그 결과 '유엔인간환경선언'이 채택되었다.

같은 해 제27차 총회에서 유엔인간환경회의 개최일인 6월 5일을 '세계 환경의 날'로 지정하였다.

1973년 국제연합(UN)은 유엔인간환경회의 결의에 따라 지구환경문제를 논의하는 국제기구인 유엔환경계획(UNEP)을 설립했다. UNEP은 1987년부터 매년 '세계 환경의 날' 주제를 선정해 각국에 환경에 관심을 촉구하고 있다. 1996년 5월 한국에서도 '각종 기념일 등에 관한 규정'을 개정하여 6월 5일을 '환경의 날'로 제정했다.

그러니까 오늘로 26년이 되는 환경의 날이다. '안양천 북극곰 구하기 프로젝트'의 영등포구청이 주최하는 행사에 감사패를 받게 되었다. 지역신문 〈영등포투데이〉 및 〈영등포 신문〉에 환경 의식을 고취하는 칼럼을 기재하며 지역 환경정책위원회의 위원으로 활동한 결과라고 생각한다. 또한, 지역에서 폐기물처리 및 대기 오염방지를 위한 설비를 설계, 제작하는 회사를 운영함으로써 환경오염방지에 기여한 것이 또 하나의 이유가 아닌가 생각한다.

많은 지역주민 그리고 가족이 함께하는 축하의 감사패를 받고, 안양 천변에서 자연의 소중함을 다시 한번 느껴본다.

2020.06.09

제 69 호

감사패

이 성 진

귀하는 영등포구 환경정책위원회 위원으로서
남다른 사명감을 가지고 우리구 환경보전정책 추진 및
친환경 가치 실현에 적극 노력하여 왔기에
감사의 마음을 담아 이 패를 드립니다.

2021년 6월 5일

영등포구청장 채 현 일

환경의날. 영등포구청장 감사패.

사랑은 100℃ '장학기금' 마련 일일찻집

모두들 애쓰신 덕에 멋진 일일찻집이 되지 않았나 싶네요.
새벽까지 알콜 푸고 잠도 설치고 가자마자 또 한잔 했더니 알딸딸~.
역시 함께 한다는 건 즐겁고 행복한 일, 몸은 좀 힘들어도 기분은 짱입니다.
앞으로 더 열심히 봉사할게요. 한국자유총연맹 영등포구지회 화이팅!

♥♥♥

초대합니다.
사랑은 100℃ '장학기금' 마련 일일찻집.
겨울의 문턱에서 우리는 따뜻한 마음을 나누고자 소중한 당신을 나눔이 가득한 곳으로 초대합니다.
"모이자, 채우자, 나누자"라는 슬로건을 가지고 〈한국자유총연맹/영등포구지회〉에서는 나눔과 희망의 자리에 여러분의 커다란 사랑을 담아보려고 합니다. 오셔서 사랑의 체온을 높여주시지 않겠습니까?

- 일시 : 2016.11.11(금) 오전 10시~오후 10시까지
- 장소 : My Way 음악실(2호선 영등포구청역 4번출구/구, 문화웨딩홀 앞 2F)
- 연락처 : 02-2676-7090(음악실) T. 010-2490-4500
- 주최 : 한국자유총연맹/영등포구지회
- 후원 : 영등포사랑모임
- 장학금전달 : 2016.12.9(금)
- 장학생추천 : 영등포관내 중, 고등부(문의 : 사무국 02-2634-4920)

나눔과 희망의 '장학기금' 마련 일일찻집.

여러분의 많은 관심과 사랑 부탁드립니다.

한국자유총연맹/영등포구지회
회장 이성진 드림

2016.11.22

UP

댓글 보기

가수 MC최윤정010 3351 7661 2016년 11월 22일 오후 03:30 ♥ 좋아요
세월이 참 빠르네요.

홍보단장 이상호 2016년 11월 22일 오후 05:33 ♥ 좋아요
살아가면서 가장 값진 선물은 인연이 아닐까 싶네요.

다니엘 2018년 11월 23일 오후 10:27 ♥ 좋아요
이성진(가시꽃을 피운 남자)
날씨가 추워지는데 훈훈한 소식이네. 조만간 얼굴 함 보세.

김*태 2016년 11월 23일 오전 10:41 ♥ 좋아요
늘 열심히 그리고 열정적으로 지내시네요.
겨울도 행복하게 보내시고...

문경숙文世羅세라문 2016년 12월 8일 오후 02:01 ♥ 좋아요

장학기금 전달식

지난 12월 19일 겨울 날씨는 참으로 추웠다. 따뜻한 마음을 모아 사랑의 온도는 100℃를 넘어 나눔, 희망으로 겨울의 체온을 높이는 하루가 아닌가 싶다. 행사주최인 〈영등포 사랑 모임〉의 대표로 있는 나는 불우하게 학업을 했던 시절을 떠올리며 올해 3회째 매년 본 행사를 실시 해오고 있다.
올해에도 결손가정, 다문화가정, 그리고 불우한 이웃의 자녀 중, 고등학생 10명에게 3,000,000원의 장학금을 지급하게 되었다. 늘, 이맘때 아쉬운 것이 있다면 더 많은 학생에게 혜택을 주지 못한다는 것이다.

"포기하려는 갈등보다 도전해서 오는 갈등이 더 멋있다."
나의 환영사 가운데 일부분이지만 난 학생들과 기념사진을 찍으면서 학생들의 눈가에 도전에 대한 의지와 그들의 희망을 발견할 수 있었다. 참으로 따뜻한 겨울을 이들과 함께 보낼 수가 있어서 너무 행복하다. 함께해준 모든 분께 고마움과 감사의 마음을 남기고 싶다.

2014.01.09

장학금 전달행사장 입구.

영등포 사랑모임 대표로서 장학금 전달.

장학금 전달 후 기념촬영

댓글 보기

남권** 2014년 1월 9일 오후 08:49 ♥ 좋아요
소외된 이웃과 우리 미래의 주역인 청소년에게 꿈과 희망을 심어주시는 멋진 회장님♥♥♥ 넘 고생 많으세요. 우리 사회가 따뜻해시고 더욱 밝아집니다. 화이팅입니다. ♥♥♥

홍대유 2014년 1월 10일 오후 01:40 ♥ 좋아요
친구야! 좋은 일 많이 해서 복 많이 받을 겨. 수고하고 축하해요.

영등포 사랑모임 장학기금 전달식

제3회 "사랑은 100℃ 장학기금 마련 일일찻집"이 지난 11월 30일 토요일 영등포 당산동 My Way 음악실에서 있었다.

해마다 모인 기금으로 결손가정 및 다문화가정 지역 모범 중·고등학생 10~15명에게 장학금을 지급하고 있다.

가정형편이 어려워 고등학교 진학을 못 하고 검정고시를 거쳐 학문의 금자탑을 쌓아온 것이 이런 행사를 기획하고 실천하게 된 지 3년이 된다.

영등포사랑모임 〈영사모〉가 주최하고 영등포희망산악회에서 후원하는 금번 행사에 겨울 문턱에선 우리는 따뜻한 사랑의 온도 100℃를 체험하고, 사랑을 나눌 수가 있었다. 장학금 전달식은 12월 19일(목) 19시 영등포 〈헤레이스웨딩홀〉에서 갖는다. 정말 행복한 숲을 이루고 싶다.

2013.12.08

UP

댓글 보기

장윤정 2013년 12월 9일 오전 09:33 ♥ 좋아요
울 회장님 멋찌다.

오세완 2013년 12월 27일 오후 01:11 ♥ 좋아요
이사장님 활동 범위가 굉장히 넓으십니다. 새해 복 많이 받으셔요.

사랑은 100℃ 장학기금 마련 일일찻집 행사.

소중한 만남과 인연

독일의 문학자 한스 카롯사는 인생은 '당신과 나와의 만남'이라고 했듯이 우리 인생에 있어서 만남은 참으로 소중하다. 만나는 많은 분에게 나의 명함 한장 한장씩을 소중히 건넨다. 누구를 만나느냐에 따라 그 순간의 만남이 한 인생의 운명을 바꾸어 놓을 수 있기 때문이다.

정채봉 시인은 《처음의 마음으로 돌아가라》는 자신의 글에서 5종류의 만남을 이야기했다.

1. 나쁜 만남으로 '생선과 같은 만남'
2. 조심할 만남으로 '꽃송이와 같은 만남'
3. 비천한 만남인 '건전지 같은 만남'
4. 안타깝고 아쉬운 만남이지만 '지우개 같은 만남'
5. 이 세상에 태어날 때 처음 만남을 갖게 된 엄마와 가족 간에 만남처럼 기쁠 때, 슬플 때, 땀 흘릴 때, 눈물을 닦아줄 수 있는 '손수건 같은 만남' 등 아름답고 소중한 만남으로 정의를 내렸다.

오늘도 인사를 나누고, 악수를 나눈 많은 사람과 만남에 있어서 난 그분들에게 나의 명함 한 장, 한 장씩을 건네며 손수건 같은 만남, 아름다운 만남을 위하여 한발 한발 다가선다.

2013.10.03

UP

댓글 보기

YJ토모태린 2013년 10월 3일 오후 08:36 ♥ 좋아요
훌륭하십니다~~~~ㅎㅎ

이성진(가시꽃을 피운 남자) 2013년 10월 3일 오후 08:39 ♥ 좋아요
YK토모양정 아름다운 만남을 위한 아름다운 헤어 디자인을 연구, 샵을 운영하시는 원장님이 더 훌륭하시죠.

YJ토모태린 2013년 10월 3일 오후 08:42 ♥ 좋아요
아고... 울 성진 오라버님~~~~
몸둘바를.....ㅎㅎ

최지은짱 2013년 10월 3일 오후 08:42 ♥ 좋아요
나도 명함 주셔요~~~

김기호 2013년 10월 3일 오후 09:01 ♥ 좋아요
아름다운 만남이 변함없이 지속되도록 만나봅시다 ^^*

남권** 2014년 1월 9일 오후 08:56 ♥ 좋아요
심히 힘차게 응원하겠습니다 편안한밤 되세요 ♥♥♥

김상숙 2013년 10월 4일 오전 09:15 ♥ 좋아요
인생 스토리가 담긴 회장님 명함 멋지십니다~~ㅎ 저도 오늘 명함 한 장 건낼 수 있는 손수건 같은 만남을 가져 볼까 합니다~~^^*

신범영 2013년 10월 4일 오후 01:58 ♥ 좋아요
도전과 열정의 멋진 삶을 사는 친구에게 박수를 보냅니다. 화이팅!

김성중대성공인 2013년 10월 4일 오후 08:18 ♥ 좋아요
힘내시고~~ 영등포의 힘 있는 일꾼이 꼭 되시길 ~~

LeeRanee 2013년 10월 11일 오후 08:19 ♥ 좋아요
"손수건 같은 만남".... 마음이 움직이는 글이네요....!!

이성진(가시꽃을 피운 남자) 2013년 10월 11일 오후 09:39 ♥ 좋아요
LeeRanee 이교수님 19일 가을여행 만남의 장으로 초대합니다.

시작은 아름답게 끝은 더욱 아름답게

지난 2014년 12월 5일 〈한국자유총연맹 영등포구지회〉 제12대 지회장으로 취임하고, 12월 12일 "2017년 평가대회 및 장학금 전달식"을 끝으로 3년의 임기를 마치고 퇴임한다고 생각했다. 그러나 13대 지회장의 후임이 공석으로 10개월 동안이나 시간이 흐르면서 나의 뒷모습은 어둡고 그늘진 모습으로 비추고 있었다.

임기가 끝나고 10개월이 지나서야 지난 10월 19일 13대 박효경 지회장을 임명하면서 취임식이 거행되었다. 38만 영등포구민의 아트홀에서 300만 자유총연맹의 박종환 총재님을 모시고, 200여 명의 내외 귀빈과 함께 행사는 가졌다.

탁 트인 영등포 채현일 구청장님, 영등포구의회 윤준용 의장님, 그리고 19대 전 국회의원이면서 영등포구(을) 당협위원장이신 문정림 위원장님, 김민석 전 민주당 국회의원님, 많은 분의 축사를 들을 수가 있었다.

떠나는 사람이 무슨 말이 필요하겠습니까? 잠시 잊지 못할 재임 기간에 좋은 기억을 떠올리지 않을 수가 없었다.

한국자유총연맹 영등포구지회 이성진 지회장 이임식.

1. 2014년 12월 취임 후 그다음 해 2015년 평가대회는 서울시 25개 구 지회 가운데 영등포구는 3위 장려상을 받았다.
2. 또한, 2016년도에는 서울 25개 구 428개동 가운데 영등포구 대림3동 동분회가 영예의 10등 최우수상을 수상했다.
3. 작년 임기 말, 2017년 연말 평가대회에서는 아쉽게도 영등포구는 서울시 25개 구 가운데 2등 우수상을 평가받은 것이다. 제13대 지회장으로 취임하는 박효경 회장님에게 못다 이룬 최우수구 지회의 상을 기대하여 본다.

그동안 함께해주신 구지회 임원 여러분, 영등포구민 여러분 그리고 관계자 여러분에게 감사한 마음, 고마운 마음을 전해드리면서 떠나는 나의 뒷모습을 아름답게 만들어 주시고 박수를 아끼지 않으신 행사에 참석해주신 모든 분께도 감사의 인사를 드린다. 사랑합니다.

2018.10.22

한국자유총연맹 서울시 마포구지회 행사장에서.

한국자유총연맹 영등포구지회 제13대 지회장 취임식.

댓글 보기

최남선 2018년 10월 22일 오후 09:22 ♥ 좋아요
성진이 고생 많았다. 항상 열심히 사는 너의 모습이 멋있고 자랑스럽다.

효숙 2018년 10월 24일 오후 11:09 ♥ 좋아요
회장님 항상 응원합니다 ~~^^

한국자유총연맹 강동구 지회장 취임

지난 1월 30일 서울 25개 구 지회 가운데 강동구 지회장의 취임이 있었다. 김정현 서울지부장을 비롯 강동구 새누리당 이재형 의원 우종철 본부 사무총장 등 내·외 귀빈 600여 명이 참석한 가운데 거행되었다.
11대 지회장으로 취임하는 이국순 회장은 기업가이면서 지역에 장학사업을 하고 있다. 자유총연맹 활동을 통한 훌륭한 많은 지인분과 만나고 뜻을 함께 할 수 있다는 것이 내게 큰 도움이 아닐 수 없다. 영등포구 지회장으로서 경쟁의식을 갖지 않을 수 없다.
을미년 한 해를 마무리하면서 거행될 평가대회에서는 영등포구가 최우수 구로 평가받게 되길 바라면서 노력을 아끼지 않을 것이다. 확고한 국가관 속에 "국민통합, 자유통일, 세대소통"이라는 자유총연맹의 캐치프레이즈를 앞장서서 지켜나가고자 한다. 이국순 회장님의 취임을 축하하며.

2015.02.01

한국자유총연맹 서울시 강동구 이국순 지회장 이·취임식.

APP 9기 입학식과 졸업식

2013년 3월 7일 동국대 문화관 1층 덕암 세미나실에서 A.P.P(Aesthetic & Produce beautiful hair Program for C.E.O) 과정 9기 입학식이 있었다. 동문회장 및 각계 저명인사의 축사에 이어서 9기 신입생 대표로 답사를 하게 되었다. 6개월 최고위 과정이지만 보다 많은 것을 배우고 느끼면서 한걸음 발전하는 계기가 되었으면 한다. 힐링캠프(Healing Camp)는 N.Q(공존지수)를 높여주는 장이 될 것이다.

2013.06.07

C.E.O 과정 졸업여행. 참으로 소중한 사람들과의 만남이었다. 그러나 이젠 헤어져야 하는 시간이 다가왔다. 졸업은 또 다른 시작의 출발점이라고 하는데 짧은 기간 만남의 과실이 영글어가고 있다. 서로에게 맛있는 과일이었으면 좋겠다. 감사하며 사랑할 수 있게 되어 고마울 따름이다.

2013.03.07

동국대학교 APP 과정 제9기 동기생들과 함께.

희망을 찾는 사람들 희망산악회

28회 2013년 7월 가평 유명산에 힐링캠프를 마련했다.
장맛비를 벗어난 오늘만큼은 무덥고 습하기 그지없었다.
40여명의 회원들이 버스 한 대로 움직였다. 지친 몸과 마음을 치유하고자, 자연으로부터 에너지를 충전하기 위하여 힐링캠프에 희망을 찾아온 사람들이다. 자연을 사랑하고, 영등포를 사랑하는 영등포 희망산악회, 사랑하는 마음 속에서 우리는 희망을 이야기할 수 있다.

2013.07.24

새벽잠을 깨우며 내리던 장맛비가 잠시 멈추었다. KBS 열린음악회 녹화 5시간을 앞두고 희망산악회의 번개모임을 가졌다.
산악대장 김○○은 12매의 티켓에 15명의 회원이 모여 당황하기도 했다. 애원하듯 사정하여 15명의 자리를 배정받고 공연장에 들어갈 수 있었다. 우리는 황수정 아나운서의 감미롭고 아름다운 목소리의 멘트를 들으며 열린 음악여행을 떠났다. 몸과 마음을 치유하듯 힐링의 시간은 빠르게 흘러갔다.

2013.07.22

참으로 무덥고 습한 날씨다. 양평 중원산 800고지, 37명 모두 한 명의 낙오자 없이 정상에 올라갔다.

정상회담은 각자 준비한 음식을 놓고 1시간가량 열띤 토론을 벌였다. 별도로 논의할 주제는 없었고 각자 하고 싶은 말을 시간제한 없이 토론했다.

모든 산이 그렇듯 산 정상에 오르는 길은 힘들었다. 오르막, 내리막, 바윗길, 평탄한 길, 지칠 듯 쓰러지고 싶었지만, 다시 일어서서 걸었다. 힘들고 어려운 것이 인생이듯 매번 정상에 오를 때마다 인생의 한고비, 한고비를 넘기는 것 같다. 한 명의 낙오자 없이 모두 한마음으로 정상에 올랐다.

출발지인 서울로 올라오는 버스 안에서 나는 37명 회원의 한마음 한뜻을 모아 선언문을 발표했다.

"오늘 참석하신 여러분은 영등포 희망산악회 정회원임을 선언합니다."

환영의 많은 박수갈채를 받으며 서로가 하나임을 알게 되었다.

2013.06.18

영등포희망산악회 어비산 산행.

영등포희망산악회 어비산 영등포사랑 노래자랑.

UP

댓글 보기

최지은짱 2013년 7월 24일 오후 08:37 ♥ 좋아요
나도 델꼬 가~~~

전성진 2013년 7월 24일 오후 09:03 ♥ 좋아요
열심히 활동하는 모습이 좋구나~~ ㅎㅎ 이박사. 화이팅~~

김용승신길동여의도동 2013년 7월 24일 오후 10:13 ♥ 좋아요
유명산 좋구나.

장윤정 2013년 7월 25일 오전 09:04 ♥ 좋아요
못 가서 아쉬워.

최지은짱 2013년 7월 22일 오후 10:49 ♥ 좋아요
좋은 시간이셨겠어요~~~

권도연 2013년 7월 23일 오전 08:16 ♥ 좋아요
재밌었겠네요.^^

강미석 2013년 7월 23일 오후 11:42 ♥ 좋아요
스트레스가 훅=3
날아가 버렸어요. 감사합니다.

장윤정 2013년 7월 23일 오후 11:48 ♥ 좋아요
아고 배아파라 참석 못했다고요.ㅎㅎ

권*호 2013년 6월 18일 오전 10:33 ♥ 좋아요
대단해요.
역시 성진이여^^~^^

강미석 2013년 6월 18일 오전 10:49 ♥ 좋아요
회장님 오른쪽 두손 어디 짚고 계신가요? ㅎㅎ

장윤정 2013년 6월 18일 오전 11:46 ♥ 좋아요
함께하신 분들의 노고에 감사드립니다.
정상에서 먹었던 진수성찬을 어찌 잊겠습니까.
밤새며 음식 준비하신 분들께 감사한단 말 꼭 전해주세요.

영등포 희망산악회, 6월 정기산행에 초대합니다.

산은 사람만큼이나 가까이하면 좋은 것 같습니다. 사람의 마음도 산 높이만큼 높고 깊다고 하여도 정상에 오르다 보면 거울을 보듯 내 마음을 읽을 수가 있고 사람의 마음을 보게 되는 것 같습니다.

산은 그래서 좋습니다. 자연과 더불어 모든 사람과 소통을 할 수가 있기에 더욱 좋은 것 같습니다. 산의 메아리는 거짓말을 하지 않습니다. "사랑합니다" 하면 "사랑합니다" 하고 내 마음 그대로를 받아주지요.

자연을 사랑하고, 영등포를 사랑하는 영등포 희망산악회 6월 정기 산행에 함께하지 않겠어요?

2013.06.12

삼일 연휴와 산행일 우천 예보로 산행 장소를 관악산으로 변경, 5월 정기 산행을 다녀왔습니다.

참석 21명 전원 정상에서 각자 준비한 맛난 음식과 진실한 마음의 양식을 나누어 먹으며 5월 신록의 자연의 품에서 하루를 즐겁게 보냈습니다.

함께 해주신 회원 여러분 감사드리고 다음 6월 산행 때 뵙겠습니다.

2013.05.19

영등포희망산악회 용문산 산행.

영등포희망산악회 공작산 산행.

영등포 희망산악회 5월 정기산행일. 사람보다 더 높은 산은 없다. 다가가기에도 마음을 헤아리기에도 힘들다. 그래도 올라야 할 산이라면 진실하라.
산은 거짓말을 하지 않는다. 정상에 오르는 길은 진실한 길뿐이다. 산을 찾는 사람은 진실을 외면하지 않는다. 정상에 오르면 모든 이의 진실을 볼 수 있기 때문이다.

2013.05.05

4월 셋째 주 토요일(20일), 영등포 희망산악회는 양평 소리산으로 정기산행을 떠난다. 이른 아침부터 산행을 시기하듯 봄비가 내렸다. 산행하기에 비는 장애물로 얄밉기 그지없었다.
한 분, 두 분 출발시간이 다 되면서 버스 한 대 인원이 가득 찼다.
산행을 떠나는 오늘, 난 사업상 3시 비행기를 타고 중국으로 가야 한다. 산악회 회장으로서 발걸음이 무겁다.
명예회장으로 나의 빈자리를 채워준 아내, 늘 어렵고 힘든 상황에서 언제나 든든한 후원자로 내 그림자를 지켜준 사람, 자연과 더불어 숨을 고른 소리산 정상에서의 그대 모습은 꽃보다 아름답다.

2013.04.23

영등포 희망산악회 칠갑산 정기산행.

영등포 희망산악회 금병산 정기산행.

2013년 시산제를 겸한 정기산행을 인원 47명이 춘천 금병산(652m)을 다녀왔습니다. 참석 인원 모두 정상에 올라 기념 촬영을 하였습니다.

희망산악회는 시산제 행사를 돼지머리에 절을 하는 구태 풍습을 탈피, 무사 산행을 기원하는 '기도문'으로 변화된 행사를 치러 참석한 희망산악회 산악인들로부터 많은 찬사를 받기도 했습니다.

정말로 뜻깊고, 행복한 하루였습니다.

2013.03.18

"자연을 사랑하고 영등포를 사랑하며, 영등포의 희망을 만들어 갑니다."

2013년 3월 16일 토요일 산행을 하면서 여러분과 함께 마음을 나누고 싶습니다.

♥ < UP

댓글 보기

김춘선헬레나 2013년 6월 12일 오전 11:30 ♥ 좋아요
산사나이로군요~♥

배정선 2013년 6월 13일 오후 03:32 ♥ 좋아요
전 강서구를 사랑 하거든요.

Koo Tae Chang 2013년 6월 14일 오전 04:49 ♥ 좋아요
자연속으로... 푹^^ 산에두 가고 싶고 ㅎㅎ 안산 즐산

고광순 2013년 5월 19일 오전 11:04 ♥ 좋아요
친구는 참 바쁘게 사넹~~!! 보기 좋아~~~

장윤정 2013년 5월 19일 오전 11:46 ♥ 좋아요
회장님이 잘 이끌어 주셨으니 고마울 따름이쥬.

윤옥이 2013년 5월 19일 오후 02:37 ♥ 좋아요
성진씨! 관악산은 내가 초등학교 6년 내내 다녔던 소풍길^^
난 토욜이나 일요 산행은 그저 바라만 볼 뿐.

김*민 2013년 5월 19일 오후 05:00 ♥ 좋아요
정상에서의 막걸리 한 잔!!!
캬하~~~ 좋거라구요
몸속에 살고있는 악당들 다톡스!!!

홍대유 2013년 5월 20일 오전 07:04 ♥ 좋아요
나도 산에 함께 가고 싶은데 주말은 어려우니~
오늘은 관악산이나 올라가 봐야겠다.

김정득 2013년 5월 21일 오후 05:07 ♥ 좋아요
푸르름이 더해가는 신록의 계절
싱그런 풀내움 향기로 숨 막혀 오는데
라일락 향기 짙어 가는가 싶더니 벌써 그 사이로
봄이 지나가고 있습니다.
이 봄 다정한 사람들과 함께 멋진 나날이 되시길 바랍니다.
항상 사랑해 주셔서 감사합니다. ^♡^

지친 몸과 마음을 치유하며 영등포의 희망을 이야기할 수 있는 만남.
힐링캠프(Healing Camp)인 〈영등포 희망산악회〉에 여러분을 초대합니다.

2013.03.06

영등포 희망산악회 명성산 산행.

영등포 희망산악회 호명산 정상.

고향을 떠나 영등포에 몸을 의탁한 지 몇 번이나 강산이 변하고 또 변했지만 고향을 향한 마음은 변함이 없다. 그래서 힘들고 어려울 때 자주 찾는 곳이 고향이다.

돌아오는 4월 11일 벌써 52회 생일을 맞는다. 호연지기 자신과의 싸움을 새로이 시작하면서 정상에 오르기 시작한 호명산은 봄과 겨울을 만끽하는 자연의 아름다움에 힘을 얻었다.

호명산 입구엔 진달래꽃, 7부 능선엔 산유화가 만발하고 정상엔 하얀 백설의 눈꽃이, 내 시선을 더욱 빛나게 만들었다. 그리고 나의 꿈과 희망은 더욱 선명하게 가까이 다가오고 있음을 느꼈다.

2013.04.08

가을산행 청량산

산이 아름다운 것은 살아 있는 소중한 모든 것들을 품고 있기 때문이 아닐까. 그렇다. 깊숙한 산길을 혼자 걸어도 외롭지 않다. 시선을 마주치면, 보이는 것들은 나를 보고 웃으며 인사를 한다. 귀를 쫑긋하면 이야기하고픈 자연의 생물들이 말을 걸어온다. 모두가 친구들이다. 이들은 제자리에서 숨을 고르며 나를 바라보고 있다.

가을 천고마비의 계절, 이곳 청량산은 이율곡이 어렸을 적 머물던 곳이라고도 한다. 850m의 고지, 바위로 병풍을 치듯 그 아름다움은 더한다.

한 폭의 그림 위에 나의 자화상을 담아본다.

2014.10.25

UP

댓글 보기

지금란 2014년 10월 25일 오전 11:21 ♥ 좋아요
가을에 멋스러운 정경이 아름답게 풍기네~~ 늘 진취적으로 살아가는 친구에게 응원의 박수를 보냅니다~^^

홍정희 2014년 10월 26일 오후 02:33 ♥ 좋아요
우리 고향을 다녀오셨군요.
반갑네요.

연화심 2014년 10월 29일 오후 09:33 ♥ 좋아요
나두 내일 갈 건대.
봉화사.

이율곡의 발자취 청량산.

태백 눈꽃 축제

참으로 좋은 아침을 맞이한 것 같다. 오염되지 않은 자연의 도시 태백시를 향한 눈꽃열차에 몸을 실었다. 동국대 APP 동문들과 함께한 겨울 여행을 떠난 것이다.

망중한. 바쁜 나날의 연속이었지만, 낡고 오래된 생각을 버리고 새로운 생각을 머릿속에 담아보고자 한다. 지난 1년 6개월간 함께한 세라컴에서의 생활, 아쉬움이 크지만, 현실을 받아들일 수밖에 없다. '위기가 곧 기회'라는 말로 위안 삼는다.

태백 탄광촌의 생활을 담은 박물관을 방문했다. 실상 그대로 보관이 잘 된 듯하여 탄광 생활의 어렵고 힘든 과정을 관람하며, 지금 내게 처해진 어렵고 힘든 과정은 아무것도 아니었다는 희망이 되었다.

꿈을 포기할 수는 없다. 태백에서 그 꿈을 다시금 꽃 피워 본다. 8시간, 오며, 가며 열차에 몸을 싣고 함께해준 APP 동문 여러분께 감사를 드린다.

2015.02.01

동국대 APP동문 문화예술 여행.

종묘대제 봉행

종묘제례는 국가 무형문화재 제56호 종묘제례악은 제1호로 지정되어 있고, 종묘는 사적 제125호로 600년이 넘도록 건축적 가치와 문화적 가치가 인정되어 1995년 유네스코 세계유산으로 등재되었다고 한다.

종묘는 조선의 국가 사당으로 조선왕조 역대 왕과 왕후의 신위를 모시고 매년 5월 첫 번째 일요일에 봉행을 거행한다고 한다.
나는 모처럼 종묘제례에 참여를 결정하고 정전 17실(철종장황제, 황후) 신위를 모시는 내봉관으로 위촉장을 받았다.

어가행렬 ~ 재계 ~ 취위 ~ 진청행사 ~ 신관례 ~ 궤식례 ~ 초헌례 ~ 아헌례 ~ 종헌례 ~ 음복례 ~ 철변두 ~ 송신례 ~ 망료례

2시간 30여 분에 걸친 종묘제례 행사는 뜨거운 자외선과 미세먼지에서도 그 열정과 집념 속에 흐트러짐 없이 행사를 무사히 끝낼 수 있었다. 철종장황제 및 황후의 신위를 모시며 나의 꿈과 소원을 빌어 본다. 마음속으로 기도하면서 예를 다하여 내봉관으로 조상 선조께 술잔을 올린다.

관광으로 한국을 찾은 일본인 관광객의 사진 촬영 요구에 함께 추억을 담았다. 또한 좋은 추억을 만들어 준, 늘 감사한 아내 김수금 황후에게도 소중한 시간을 체험하고 추억을 만들어 준 친구 김기호에게도 함께 600년 조선왕조의 역사를 짧게나마 추억으로 간직할 수 있어서 감사의 글을 남긴다.

5월은 가정의 달, 종묘제례를 통하여 선조들의 발자취를 되돌아보며 현재 오늘 위치에서 나를 바라본다. 철종 황제 폐하, 미래 나의 꿈과 소망하는 것들을 이룰 수 있도록 윤허하여 주시옵소서.

2019.05.05

UP

댓글 보기

라향기** 2019년 5월 6일 오전 10:24 ♥ 좋아요
멋졌다~~
뜨거운 태양아래서.
묵묵히 2시간 반 동안 제례첨여에 의의가 있었네~

이성진(가시꽃을 피운 남자) 2019년 5월 7일 오전 09:27 ♥ 좋아요
윤미숙
윤박사~~
타임머신 기계를 타고 조선왕조 600년을 들러보고 온 느낌이였네 ~~ㅋ

효숙 2019년 5월 8일 오후 12:28 ♥ 좋아요
이성진(가시꽃을 피운 남자) 회장님 멋지세요.~~^^
축하드립니다. 옛날에 태어나셔도 잘 어울릴뻔 하셨어요.~~^^
어버이날 행복과 즐거움이 가득한 날 되세요.^^

이성진(가시꽃을 피운 남자) 2019년 5월 8일 오후 07:08 ♥ 좋아요
효숙
국장님~~ 감사드립니다.

비앤비 · 김영희 2019년 5월 24일 오후 07:18 ♥ 좋아요

이성진(가시꽃을 피운 남자) 2019년 5월 29일 오후 08:03 ♥ 좋아요
비앤비 · 김영희
감사드립니다~~^^

선조들의 발자취 종묘대행을 경험하면서.

화가 설송과의 인연

설송은 화가 김연순의 아호이다. 순천만을 소재로 친환경 화가로 활동하는 화가이기도 하다. 전문적인 교육은 받지 않았지만, 취미로 시작한 그의 그림은 전시회를 통하여 많은 이들에게 그의 작품성과 열정에 잔잔한 감동을 주고 있다. 우연히 내가 쓴《가시꽃을 피운 남자》소설을 읽은 뒤 감동을 받아 나를 초대하게 되었다고 한다.

민속 최대의 고유 명절 추석, 모처럼 우리 가족은 설 연휴 여행을 떠났다. 며칠 있으면 둘째 준석이도 9월 학기 개강으로 한국을 떠나기 때문에 가족이 함께하는 시간을 보내기로 했다.

설송의 초대로 이루어진 추석 연휴 리조트에서의 만남, 두 가족은 충주에 있는 켄싱턴리조트에서 첫 가족의 만남을 가졌다. 8006호, 8009호에 짐을 풀고 상견례를 통해 소설 끝의 만남을 이어 갔다.

《가시꽃을 피운 남자》를 통하여 이렇듯 소중한 만남을 가지게 되었고, 켄싱턴 리조트에서 있었던 가족 대항 민속놀이를 통하여 두 가족은 더더욱 이웃으로 다가가는 계기가 되었다. 제기차기 1등, 투호 던지기 1등, 참으로 가족이 하나 되는 즐겁고 행복한 여행이었다.

2014.09.12

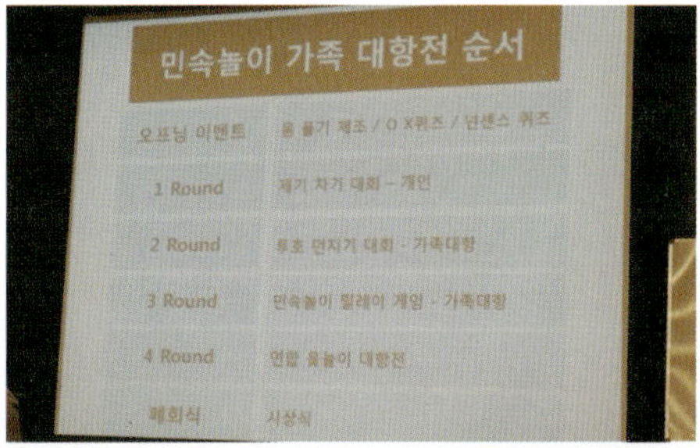

두 가족은 민속놀이를 하며 즐겁고 행복한 시간을 가지게 되었다.

UP

댓글 보기

김성중대성공인 2014년 9월 12일 오전 11:33 ♥ 좋아요
가족이 가장 든든한 버팀목이죠.
ㅎㅎ 잘 지내시는 모습 굿이예요~~

남권** 2014년 9월 12일 오후 12:05 ♥ 좋아요
오늘은 금요일
시원한 가을 바람
처럼 기분 상쾌하시게
출발 하시고
멋진 하루 되세요.

김춘선헬레나 2014년 9월 12일 오후 06:20 ♥ 좋아요
언제 어느 곳에서나 늘 다정한 두 분~♥
행복한 모습에 덩달아 행복이 오네요.

이성진(가시꽃을 피운 남자) 2014년 9월 16일 오전 11:19 ♥ 좋아요
김성중낙지총각, 남이상권, 김춘선
관심과 사랑을 베풀어 주심에 늘, 감사드려요.

남권** 2014년 9월 16일 오전 11:22 ♥ 좋아요
고맙습니다. 소망하시는 모든 일이 순조롭게 이루어 지시길 기원드립니다.

교회에서 세례를 받다

3월 24일 양평동교회에서 하나님과의 만남 1년 즈음해서 사랑하는 아내와 함께 세례를 받았습니다.
그동안 하나님과 동거해오다 결혼식을 올림으로써 하나님의 자녀로 하나님의 가족이 되었다고 할까요.
신실한 믿음 아래 진실로 진실로 범사에 감사할 줄 알고 하나님을 닮아가는 삶을 영위하며 살아갈 수 있도록 인도하여 주시옵소서. 아멘.

2013.03.25

양평동교회 김규 목사님과 함께.

2013년 하나님의 자녀로 세례를 받다.

♥ < UP

댓글 보기

강실비아 2013년 3월 25일 오후 06:51 ♥ 좋아요
박사님 축하드립니다. 지금도 하나님을 닮은 모습으로 살아가시는 모습이신데요.^^ 사모님과 함께 하나님의 자녀되심을 진심으로 축하드리며 정말 두분 아름다운 모습이십니다.

정*석 2013년 3월 25일 오후 08:35 ♥ 좋아요
언제나 축복받는 삶이 되시길 기원합니다.

김춘선헬레나 2013년 3월 25일 오후 09:02 ♥ 좋아요
주님 품에 안기신 두 분 아름답습니다.

유*자 2013년 3월 26일 오전 08:01 ♥ 좋아요
축하해요.

김윤하봉선 2013년 3월 26일 오전 08:40 ♥ 좋아요
하나님의 자녀되심을 진심으로 축하드립니다~ ~
감사는 행복의 열쇠입니다~~
범사에 감사의 마음을 간직하시길~ ~

최병열 2013년 3월 26일 오전 09:37 ♥ 좋아요
축하 드립니다^^^ 할렐루야

권*정 2013년 3월 26일 오전 09:37 ♥ 좋아요
두 분 행복해 보여 좋아요. 내내 행복하세요^^

김*태 2013년 3월 26일 오후 04:12 ♥ 좋아요
정말로 축하드리고
하나님의 자녀됨으로 앞날에 주님의 은혜와 축복이, 가정과 일터에 가득하시기를 기도합니다.

Koo Tae Chang 2013년 3월 29일 오후 07:42 ♥ 좋아요
잘 지내고 있구나~~ 축하해.

김정득 2013년 3월 30일 오후 01:09 ♥ 좋아요
정말 잘 하셨네요!
하나님의 축복이 항상 함께 하시길 기원합니다. ^^

전국 고교생 자유공감 토론회

논제 : 초등교과서 〈한자병기〉는 추진돼야 하는가

- 일시 : 2015.8.11(화) 10:00
- 장소 : 자유센터 대강당
- 주최 : 한국자유총연맹
- 후원 : 행정자치부

전국에서 선발된 고교생 토론팀 16개 팀이 각 지역을 대표하여 본선에 올랐다. 상금 200만 원의 자유 대상을 비롯 행정자치부장관상 등 많은 상을 앞에 두고 나는 1,500,000만 한국자유총연맹을 대표하여 1명의 심사위원으로 선발되어 참가하게 된 뜻깊은 행사였다.

찬성, 반대 2팀으로 입론, 교차 질문, 반박의 순으로 16강, 8강, 4강을 거쳐 결승전까지 심사를 맡으면서 놀라운 일을 겪지 않을 수가 없었다. 참으로 논리정연한 학생들의 토론에서 민주주의의 발전적인 모습을 그리고 반박 및 증거자료를 통한 아이들의 지적 경쟁은 내게 부끄러움을 더해 주었다. 아직 나이어린 고교생이였지만 사고력은 뛰어났다. 그리고 판단력도 모자람이 없었다.

최종 결승전에서 심사를 맡게 된 5인의 위원님들 정말로 우열을 가리기가 어려웠다. 경북 김천고 2학년 최민군과 김경목 학생이 한 팀이 되어 1등 자유 대상을 차지했다. 또한 지도교사상은 경북 김천고의 최준호 선생님에게 시상되었다.

끝으로 허준영 총재님 그리고 이성희 특보실장님 기타 관계자 여러분의 노고에 감사를 드립니다.

2015.08.12

전국고교생 자유공감 토론대회 심사위원.

청춘을 돌려다오

참으로 휴식공간으로써 추억을 만들어 주고, 옛 시절로 추억을 돌려주는 공간이 있다. 영등포 당산동 'My Way'라는 음악실이 그렇다.
그곳의 사장님은 내가 대표로 있는 영등포사랑모임의 고문님으로서 해마다 지역의 불우하고 그늘진 학생들에게 꿈과 용기를 심어주는 영등포사랑모임의 장학금 마련 일일찻집 행사에 장소를 무료로 대여해 주시는 고마운 분이다.
오늘은 KBS TV 프로그램 'VJ특공대'에서 내가 즐겨 찾는 My Way음악실을 촬영한 것이 방송되었다. 여기저기서 방송을 보고 많이들 연락을 취해 왔다.
함께 자리한 최상보 기술고문님, 그리고 효성그룹 양유선 소장님, 그날 부르던 노래처럼 청춘을 돌려받으셨는지요? 참으로 즐거웠습니다.

2014.10.05

KBS-VJ특공대 출연.

영등포 봄꽃축제

봄꽃축제는 영등포의 축제이다. 전국에서 많은 관심과 사랑을 받는 대한민국 축제이기도 하다. 오후 7시에 개막식이 있었다. 한국자유총연맹 영등포구 지회장으로서 초대를 받아 앞자리 내빈석에 앉아 행사를 지켜보며 축제를 즐기고 있었다. 물론 사랑하는 아내와 함께한 자리다.

헤아릴 수 없는 많은 사람들이 축제를 즐기고 있었다. 심장병 어린이를 돕기 위한 가수 '수와 진'의 거리공연, 외국인들로 구성된 재즈공연단 등 예전보다는 볼거리가 많은 행사였다고 자평한다.

몸을 움츠리고 피어난 아름다운 봄꽃,
꽃보다도 더 아름다운 사람들의 웃음꽃,
봄의 출발을, 사람마다 만남과 행복의 출발을,
그리고 저마다 아름다운 사랑의 노래를.

하루가 짧은 시간이었다.
아내와 마주 잡은 두 손,
주인공이 따로 없지 않은가.

아름다운 추억, 아름다운 밤을 맞이하며
행복한 삶의 이야기를 밤새 나누어 본다.

2015.04.13

제11회 영등포 여의도 봄꽃축제.

한국자유총연맹 워크숍

한국자유총연맹 워크숍이 있었다. 서울시 25개 구지회 회장, 사무국장, 여성회장, 협의회장, 동분 회장, 한 구에 5명의 임원이 초대되어 김정현 서울시 지부 회장님을 비롯 약 130여 명이 10월 14일~25일 1박 2일 동안에 핵심 간부들의 단합과 지회의 발전을 위한 토론의 시간을 가지게 되었다.

참으로 인연이 아닐 수 없다. 한국자유총연맹 영등포지회장으로 임명되고 첫 걸음을 내딛는 연수 교육이 아닌가. 그런데 그곳이 어디인가. 경기도 가평군 설악면 회곡리 안골 마을, 내가 태어나 자라온 고향의 품이다.

고향의 따뜻하고, 깨끗한 보랍산 정기를 받으면서 자유총연맹 영등포지회장으로서 첫걸음을 내딛게 된 것은 고향과 자총의 인연이 아니었던가.

자유 수호를 위해 자유총연맹 영등포 회장으로 봉사하게 된 것을 기쁜 인연으로 생각한다.

새로이 더 적극적으로 지회의 발전을 위하여 노력을 아끼지 않겠다.

패드릭헨리의 말이 떠오른다. "자유가 아니면 빵을 달라."

방관 속에 잊어버린 '자유'의 소중함을 우리는 다시금 생각할 때다.

2014.10.25

한국자유총연맹 서울특별시 지부 Workshop(나의 고향, 설악면 회곡리 교원연수원).

선배님, 존경합니다

참으로 가슴이 따뜻한 사람이다. 머리는 지혜롭고, 마음은 세상을 품을 듯, 넓고 큰마음을 지녔다. 5월 초 연휴 기간 난 한림대학교 한강성심병원에 입원하게 되었다. 그동안 6.4 지방선거 새누리당 영등포구청장 경선 후보로서 열심히 한 결과 몸과 마음은 지쳐 있었다. 이번 연휴 기간 병원에서 휴식을 취하기로 한 것이다.

김춘수!
가슴으로 쓰고 마음으로 새긴 《김춘수의 세상 이야기》, 그가 쓴 책이다. 이번 6.4 지방선거 새누리당 영등포구청장 경선을 치른 경쟁자이기 전에 그는 검정고시 선배이다. 평소 자상하고 배려심이 많은 분으로 늘 존경받는 선배님이다. 그분이 쓴 책 한 권을 다 읽으면서 나와 비슷한 삶을 살아오신 것을 알게 되었다. 더욱더 존경하는 마음이 앞선다.

선배님이 쓴 책에는 이런 말들이 나를 위안하고 있다. "인류의 역사는 만남의 산물이다." 토인비가 한 말이다.
어떤 사람을 만나는가에 따라 성공, 실패를 이야기할 수 있다. 수많은 만남 속에서 경쟁하고 이를 통해서 이긴 자와 진 자로 남게 된다. 이긴 자는 전리품을 가지고 한번 발전하고 진자는 다음에 꼭 이겨야겠다는 결심을 통하여 또 한 번 발전한다고 한다.
'이겼더라도 뜻이 없으면 이긴 것이 아니고, 졌더라도 뜻이 있으면 진 것이 아니다.'

이번 6.4 지방선거 새누리당 영등포구청장 경선에서 김춘수 선배님과 나는 비록 낙선했지만 우린 진 것이 아니다. 우리에겐 아직 꿈이 있고, 뜻이 남아 있기 때문이다.

2014.05.04

검정고시 선배님으로의 만남.

UP

댓글 보기

남권** 2014년 5월 5일 오전 05:03 ♥ 좋아요
이성진 박사님♥♥ 넘 고생 많으셨어요, 더 좋은 일들이 많이 생길거라 믿습니다. 건강 잘 챙기시고 행복과 행운 가득하세요.

이성진(가시꽃을 피운 남자) 2014년 5월 5일 오전 06:57 ♥ 좋아요
남이상권 고맙습니다.
늘, 힘이 되어 준 간사님 감사합니다.

남권** 2014년 5월 5일 오전 07:04 ♥ 좋아요
이성진(가시꽃을 피운 남자) 고맙습니다. ♥♥변함없이 응원하겠습니다.

김춘선헬레나 2014년 5월 5일 오후 09:56 ♥ 좋아요
병원에 입원까지 하셨는데 몰랐습니다.
부부가 함께 걸어오신 길~♥축복의 길이었듯이
좋은 일들이 기다리고 있으실거라 믿습니다.

이성진(가시꽃을 피운 남자) 2014년 5월 5일 오후 09:58 ♥ 좋아요
김춘선 사무총장님 그냥 병원에서 휴식을 취하고 있어요. 걱정마시어요~~ㅎ

YJ토모태린 2014년 5월 5일 오후 11:57 ♥ 좋아요
더 큰 앞날의 행보를 준비하기 위함이라. 기력 재충전 잘~하시고~~파이팅!!ㅎ

전성진 2014년 5월 7일 오전 07:25 ♥ 좋아요
정치는 체력이라네~~ 몸관리 잘 하시게.

이성진(가시꽃을 피운 남자) 2014년 8월 7일 오전 08:51 ♥ 좋아요
YK토모양정 잘 지내시죠. 모임때 봐요~~ @

이성진(가시꽃을 피운 남자) 2014년 5월 5일 오후 09:58 ♥ 좋아요
전성진 정치뿐만 아니라 체력은 국력이라네.

신범영 2014년 5월 7일 오후 11:52 ♥ 좋아요
수고 많았네. 친구. 꿈이 있으면 진 것이 아니라는 자네의 멋진 말처럼 멋진 꿈과 올바른 뜻을 잃지 않기 바라겠네. 힘내시게.

보라색 붓꽃

오월 화창한 봄날의 초저녁,
안양천변에 새롭게 피어난 보라색 붓꽃이 나를 유혹 하듯이 반긴다.
쓸쓸하고 외로운 내 마음을 달래주듯이 손짓하고 있다.
부끄러운 듯 안양천의 냇물은 고요히 흘러만 간다.

사랑을 전하는 소통의 다리 신정 잠수교에서 바라보는
저녁노을은 더없이 그리움을 낳는다.
보고 싶을 때 자주 찾던 곳,
그곳에는 보라색 붓꽃이 피어 있다.
늘, 두 팔 벌려 따듯하게 포옹을 해주던 보라색 붓꽃에
나는 속삭인다.
"정말로 보고 싶었어."
"더 예뻐졌는데."

붉게 타오르던 노을의 끝자락처럼
보라색 붓꽃은 부끄러움에 나를 끌어 안으며 볼에 입을 맞춘다.
보라색 붓꽃이여!
세월이 흘러 꽃잎이 시들어 떨어지고, 자태가 바람에 흩날릴지라도
화향천리, 그 향기는 내 마음속에 영원히 남아 있으리라.

배려하는 마음

지금도 어느 자리에서든 서로 겨루어야 하고 싸워서 이겨야 하는 숨 가쁜 경쟁사회에 서 있다. 살아남기 위해서는 남을 누르고 일어서야 하는 사회, 삶의 의미나 목적보다 오직 목표만을 향한 경쟁만이 남은 오늘날 우리는 그 경쟁이 누구를 위한 경쟁인지 그 의미조차 잃어가고 있지는 않은 걸까? 이런 사회 속에서 우리에게 가장 필요한 것은 무엇일까? 자기 자신만의 세계 속에서 만족을 누리기보다 남과 함께 더불어 살아가는 모습이 필요하지 않을까?

어떤 철학자는 인간은 사회적 동물이라고 한마디로 표현하신 분이다. 공동체 생활 속에서 모두 똑같을 수는 없지만 더불어 살아간다면, 용서하는 마음과 배려하는 마음과 그리고 고마워할 줄 알고 감사할 줄 아는 마음을 지녀야 그런 사회를 건설할 것이다.

또한 루소는 스스로 당신을 좋게 말하지 말라. 그러면 당신은 신뢰할 수 없는 사람이 될 것이며, 또 당신을 나쁘게 말하지도 말라. 그러면 당신은 당신이 말한 그대로 취급받게 될 것이다. 사회적 공동체 속에서 얼마나 자기 자신을 잘 다스려야 함을 일깨워주는 말이다.

아스퍼거 신드롬(Asperger Syndrome)은 남에 대해 전혀 이해하지 못하는 일종의 장애를 뜻하는 말이다. 이런 장애를 가진 사람은 자기만의 세계 속에 갇혀 있다. 자기중심적인 사고를 하는 점에서 언뜻 이기주의와 같은 개념 같아 보이지만 아스퍼거는 이기적인 성격과는 다르다. 이기적인 사람들은 상대방의 입장을 알면서도 자기 욕심 때문에 이기적인 행동을 하지만, 아스퍼거는

아예 상대의 입장 자체를 이해하지 못한다. 나 이외에 주변인에 대해서는 무관심한 사람들이 늘면서 '성공' 역시 나만 잘하면 이룰 수 있는 것으로 생각하는 사람들이 늘고 있다. 하지만 성공이란 그 자체만을 목표로 하여 달려 나간다거나, 누군가를 밟고 일어선다고 해서 이룰 수 있는 것이 아니라 상대가 원하는 것을 충실히 해주다 보면 따라오는 결과물이다. 이때 필요한 것이 바로 남을 위한 배려이다. 남을 위한 배려는 곧 자신을 위함이다. 따라서 배려는 사람과 사람의 만남에서 가장 큰 힘을 발휘한다. 배려 속에는 인간관계를 원활하고 풍요롭게 해주는 요소들이 들어 있기 때문이다. 사회는 사람과 사람이 만나서 이루어지는 것이기에 배려는 사회를 구성하는 데 빠져서는 안 될 사회적 덕목이다. 배려는 온화한 사람이라는 인상만을 주는 요소가 아니다. 배려할 줄 아는 사람들의 기본 마인드는 남을 불편하지 않게 하는 것이다. 이는 단순히 사람들을 편하게 해주고 기분을 맞춰준다는 감정적 배려의 차원이 아니라 보이지 않는 역할이나 능력까지도 만들어 준다.

직장생활에서의 배려는 그 사람의 능력까지 높여주는 역할을 한다. 또한 남녀 간의 이성 교제에서 배려는 사랑을 키우는 한 알의 밀알과도 같다. 흔히 친한 친구들은 "눈빛만 보고" 서로의 마음을 읽는다고 한다. 하지만, 이는 서로에

대해 관심을 가지고 열심히 지켜보고 상대방의 마음을 이해하려는 노력을 게을리하지 않았기에 가능한 일이다. 상대가 어떤 사람인지 알기 위해서 끊임없이 지속적인 애정과 관심을 보인다면 남들보다 쉽게 마음을 읽을 수 있다. 상대방의 마음을 보고 읽을 수 있는 깨끗하고 성숙한 눈과 입!

상대방의 마음을 따듯하게 모자람 없이 받아들일 수 있는 생각, 입에서 입으로 통하고 귀에서 귀로 통하고 마음에서 마음으로 통하는 그런 사회는 인간이기에 가능하다. 더불어 사는 사회 속에서 서로 통하는 사회, 상대방보다는 내가 먼저 통해야 한다.

죄송합니다, 사랑합니다, 고맙습니다, 입으로 통하지 않을 것이 없고 듣기 싫은 험담을 들었을지라도 나머지 한 귀로 흘려보낸다면 귀에서 귀로도 통하지 않을 것이 없다. 또한 부족함을 느끼고 불편함을 겪을지라도 배려하는 마음이 씨앗처럼 자라나고 있다면 마음과 마음이 통하지 않을 것이 무엇이 있겠는가?

한 가정의 가장은 아내와 가족의 마음을 잘 읽고, 점주는 고객의 생각과 뜻을 잘 읽고 마음을 읽어낸다면, 곧 무엇이든 통하지 않을 것이 없다. 성공은 고객의 마음을 읽고 만족을 창출해내는 데서 비롯된다. 상대방에게 배려하는 마음이 부족할 때 흔히 혼동하여 사용하는 '두 단어'가 있다. "다르다"와 "틀리다"는 각각 같지 않음과 그르다는 뜻을 지니고 있지만 우리는 종종 두 단어를 혼동해서 사용할 때가 많다. 하지만 분명한 것은 "틀리다"는 사람에게 쓰지 않는 것이 좋다는 것이다. 나와 같지 않다고 해서 함부로 틀렸다고 단정 지어서는 안 된다. 나와 다름을 인정하고 그의 의견에 귀 기울여주는 자세가 필요하다.

이 역시 배려하는 마음에서 비롯된다.

이는 곧 "역지사지易地思之"의 자세다.

상대방 입장에서 다시 한번 생각해 본다면 입장은 이해할 수 있다. 만약 상대방이 "틀렸다"고 단정해 버린다면 더 이상 대화의 진전은 없다. 대화를 위한 당신의 말 한마디는 매우 중요하다.

그냥 건네는 말이 아니라 상대방을 위하는 생각과 배려하는 따듯한 마음을 보태는 그런 말 한마디를 해주는 사람이 내 곁에는 몇 사람이 있는지 없다면 오늘부터라도 상대방보다는 내가 먼저 통해야 한다. 따뜻한 말 한마디와 배려하는 마음을 나누어 줄 수 있다면 통하지 않을 것이 없다. 상대방에게 악수를 건네는 것은 내 생각과 마음을 건네는 것이다. 악수를 나누며 인사를 할 때 배려하는 마음을 함께 느끼게 하여 준다면 사랑과 믿음 그리고 삶의 에너지가 가득한 사회를 만들어 가는데 작은 밀알의 씨앗으로 뿌리를 내렸으면 한다.

따듯한 커피잔에 따듯한 마음을 나누다

노크의 법칙(Knock)

"당신이 먼저 노크하라"

마음의 문을 열려면 내가 먼저 노크하라.

그리고 나를 공개해라.

거울의 법칙(Mirror)

"거울은 주인이 아니다"

거울은 먼저 웃지 않는다.

내가 웃어야만 거울속의 내가 웃듯이

인간관계도 내가 먼저 웃어야 한다.

베품의 법칙(Give & Take)

"먼저 주어라. 그 다음에 받아라"

다른 사람에게 호감을 얻고 싶으면

먼저 호감을 품어야 한다.

짝의 법칙(Couple)

"저절로 통하는 사람이 있다"

짚신도 짝이 있듯이 사람마다 맞는 짝이 있기 마련이다.

모든 사람을 친구로 만들려 하지말고

나와 통하는 사람과 친해지는 것이 바람직하다.

3장

감사한 삶의 문, 행복은 가까이에 있다

소중한 한 표

나는 할 수 있다고 노래하듯 만 번을 외친다면 원하고자 하는 일들이 이루어진다는 아프리카 속담이 있다. 모든 일을 즐겁게 하니 힘든 줄 모른다. 나의 수행비서, 영원한 나의 동반자 아내의 도움이 크다. 공천보다도 어렵다는 가천을 받고, 후보자인 나보다도 더 열심히 땀을 흘리는 아내의 모습에서 난 최선을 다하며 노래를 부른다.
"나는 할 수 있다."

안양천 갈대밭에서 있었던 영등포구 연합 축구대회, 대신시장, 영등포시장, 우신초등학교 동문 체육대회, 사람들이 모인 곳이라면 아침 6시부터 늦은 저녁 10시까지 발품을 팔며 새로운 인물 이성진 후보를 알리는 데 최선을 다하고 있다. 새로운 인물, 후보에 대한 정견 발표 후 여론을 묻는 투표보다는 15일~17일 여론을 통한 ARS 방식 경선이 좀 아쉬울 따름이다. 불리하다고 생각지는 않는다.

나의 성실과 진실함은 이번 기회를 통하여 언제고 인정받을 것이며 구민과 소통할 날이 다가올 것을 믿는다. 어렵고 힘들 때마다 동행을 마다하지 않는 나의 수행비서도 나를 믿고 늘, 함께하는 하나님을 믿는다.
오늘도 희생을 마다하지 않고, 우리 부부는 새로운 역사를 만들어 간다.

2014.04.13

후보자인 나보다도 더 열심인 아내에게 늘 감사하다.

영등포 그대와 함께

그대 가슴속 사랑하는 마음으로 희생하며 살고 싶다.
사람 사는 일이 그러하고 사랑하는 일이 그러할진 데 길지 않은 시간, 짧은 삶 그대 가슴속 모진 아픔을 치료하는 백의천사(1004)로 살고 싶다.
3월 19일, 6.4 지방선거에 출마하는 새누리당 영등포 후보자들이 다 모였다.
깨끗한 선거, 깨끗한 영등포를 위하여 새누리당 출마자들을 격려하고자 김황식 전총리, 정몽준 의원님도 함께 자리를 했다.
김 전총리의 좌우명인 "겸손하자, 온유하자, 절제하자"라는 삶의 지표를 서울시장 출마계기로 겸손하지 못하게 뻔뻔스럽게 자기자랑을 하게 되어 미안하다는 말은 참으로 겸손하지 않을 수 없다.
큰 정치인이 되겠다는 나의 마음을 겸손히 뒤돌아본다.

2014.03.20

박선규 청와대 대변인, 김황식 국무총리와 함께.

UP

댓글 보기

홍대유 2014년 3월 20일 오후 05:26 ♥ 좋아요
친구여 화이팅 하나~~~
힘차게 응원할께.

이성진(가시꽃을 피운 남자) 2014년 3월 20일 오후 05:35 ♥ 좋아요
홍대유 홍회장님 고맙네여~~ ♡

남권** 2014년 3월 21일 오전 08:59 ♥ 좋아요
햇빛이 참으로
맑습니다!!! ^^♥
맑은 날씨처럼
기분 좋은 하루
행복의 미소가 꽃피는
금요일 되시고 고운 시간 되세요.
이성진 후보자님 ♥♥ 선전하시어 꼭 압승하셔서 영등포를 최고 명품도시로
만들어 주십시요. 화이팅♥♥

라향기** 2014년 3월 21일 오전 09:01 ♥ 좋아요
한번 칼을 뽑았으니 사나이 가슴에 불을 지르시오~ 마음으로 응원하리다.
친구!! 화이팅~

이성진(가시꽃을 피운 남자) 2014년 3월 20일 오후 05:35 ♥ 좋아요
남이상권 간절한 소망은 두 손 모아 기도로~~ 감사합니다.

이성진(가시꽃을 피운 남자) 2014년 3월 21일 오전 09:29 ♥ 좋아요
윤미숙 벼랑끝에서도 의연함을 잃지 않는
모습에서 또 다른 희망을 내가 찾는단다.

남권** 2014년 3월 21일 오전 10:24 ♥ 좋아요
이성진(가시꽃을 피운 남자) 뜨거운 가슴♥♥ 뜨거운 열정으로 적극 지지합니다.
화이팅♥♥

탈무드 이야기

"이미 끝나버린 일을 후회하기보다는 하고 싶었던 일을 하지 못한 것에 후회하라."
《탈무드》에 나오는 이야기이다. 골프를 시작한 지 20년이 지났지만, 지금도 보기플레이 정도, 아니 초보 수준일지도 모른다. 그동안 여러 가지 이유로 운동을 자주 하지 못한 결과라고 생각한다.

한 번쯤은 홀인원을 하고 싶은 것이 골프를 즐기는 골퍼의 바람일 것이다.
하고 싶은 일을 하지 못하게 될 때 후회하게 된다면 비록 비즈니스로 함께한 시간이지만 홀인원을 꿈꾸며 샷을 날린다.
일산 한양CC, 안성 윈체스트CC, 지금도 잊지 못하고 있지만 이천 항작사CC에서 있었던 6번 홀 파 3홀에서의 홀인원은 3년 전 내가 가장 어려운 시기에 내게 희망과 꿈 그리고 용기를 가져다준 사건이 아닐 수 없었다.

후회하지 않는 것은 어떤 일이든 최선을 다하는 것이고 하고 싶은 일에 도전을 두려워하지 않는 것이다.
시작도 아름답게, 끝은 더욱 아름답게.

2013.09.29

UP

댓글 보기

장윤정 2013년 9월 29일 오후 04:50 ♥ 좋아요
언젠가 홀인원 할 날 있겠.지~~~~늘 응원합니다.

이성진(가시꽃을 피운 남자) 2013년 9월 29일 오후 05:03 ♥ 좋아요
장윤정 암벽을 오르는 마음으로 땀과 열정으로~~ 샷을 날려야겠지~~?

홍대유 2013년 9월 30일 오전 07:47 ♥ 좋아요
멋진 글이요. ~시작도 아름답게 끝도 더욱 아름답게~

이성진(가시꽃을 피운 남자) 2013년 9월 30일 오전 10:44 ♥ 좋아요
홍대유 홍회장님 영등포 방문을 환영합니다 ~~~ㅎㅎ

오세완 2013년 10월 2일 오후 01:59 ♥ 좋아요
번창하세요

이성진(가시꽃을 피운 남자) 2013년 10월 6일 오후 03:33 ♥ 좋아요
오세완 잘 다니고 있지 ~~?

오세완 2013년 10월 6일 오후 06:53 ♥ 좋아요
이성진(가시꽃을 피운 남자) 예 그렇지요. 건강하시죠?

한국은 헌법과 법치의 나라인가

10월 3일 개천절, 광화문에는 300만 이상이 자유민주주의를 위하여 '자유, 정의, 공정'을 외치며 조국 장관 퇴진과 문재인 정부의 탄핵을 외치고 있는 가운데 진정한 한국의 보수 가치를 재건하기 위한 '한미보수연합대회'를 서울 하얏트호텔 그랜드볼룸에서 약 1,000여 명이 참석한 가운데 "2019 KCPACK"를 한국에서 처음 주최하게 되었다고 한다.

아시아 전문가 Gordon Chang의 '홍콩과 한국 : 자유의 최전선'이란 주제의 연설에서 주목할 내용을 엿볼 수 있었다.
문재인 정권 언론 탄압의 대표적인 사례를 KBS 강규형 교수 퇴출이라고 외국의 토론자는 지적했다. 또한 헌법 개정안에 자유민주주의에서 자유를 삭제한 민주주의 헌법 개정안을 지적하기도 했다.
Gordon Chang은 끝말에 좌파 종북주의자 및 진보주의자 그리고 문제인 정권의 퇴진을 위하여 행사장에 참석한 모든 사람에게 이렇게 외치고 있었다.
여러분!
가족을 위하여 연합하십시오.
국가를 위하여 연합하십시오.
자유를 위하여 연합하십시오.

2019.10.03

한국에서 처음 개최된 2019 한미보수연합대회(KCPACK).

환경을 알면 돈이 보인다

환경문제, 습관을 바꾸면 돈이 보인다. 온 국민이 전기 플러그만 뽑아도 1년에 6,336억 원, 양변기에 벽돌 하나만 넣어도 연간 204억 원의 돈을 벌 수가 있다고 한다. 생각해 보면 별거 아닌 것처럼 보이는 습관과 행동의 변화가 하루, 한 달, 일 년간 모이면 엄청나게 큰 이익이 생긴다.

중요한 것은 지금 당장 나부터 실천하는 것이다. 손쉽게 당장 실천할 수 있는 일부터 하나씩 해보자는 것이다. 그것이 환경과 자원, 에너지 문제를 해결하는 첫걸음이 아닌가 싶다.

경기 시화에 운영 중인 신재생에너지의 대표적인 조력발전소 현장을 다녀와 바다의 소중함을 체감하였다. 저자의 《환경을 알면, 돈이 보인다》의 저서를 통해 환경에 대한 관심과 사랑을 전하고자 한다.

2014.07.11

출판기념회 영등포사랑모임 봉사자들.

《환경을 알면, 돈이 보인다》 이 책은 저자 이성진 박사가 경기과학기술대 환경공학과에서 7년 동안 후배양성을 위하여 가리키던 자료와 ㈜에코엔탑 환경 플랜트 회사를 14년 경영하며 준비해온 경험을 토대로 출간하게 되었다.
2014년 3월 3일 영등포구민회관 아트홀 2층 대강당에서 약 500명의 내, 외빈 축하객을 모시고 출판기념회를 성대히 치렀다.
박선규 전 문화관광부 차관을 비롯하여, 최열곤 전 서울시 교육감, 강인섭 전 청와대 정무수석, 서울희망포럼 이사장 이기후 4.19 공로자회 회장 남궁영훈 잡지협회 회장 및 동국대 교수님 축전을 보내주신 김중위 초대 환경부장님등 많은 분이 참석을 해주셨다.

《환경을 알면, 돈이 보인다》 출판 기념회.

저자의 환영사 도중, 무대에 오른 저자의 아내는 다시 태어나도 이 박사님과 다시 결혼하고 싶다고 내, 외빈 방문객들에게 말을 건네었다.
장내 숙연해지는 분위기에 많은 관심과 사랑을 보냈으며 축하객으로부터 격려의 박수를 받았다.

"함께해 준 여러분을 잊지 않고 꼭 기억하고 있겠습니다. 더 열심히 노력하겠습니다. 아름다운 변화, 깨끗한 변화, 기분 좋은 변화를 이끄는 데 한발, 한발 꿈과 희망을 위하여 희생을 마다하지 않겠습니다.
그대 가슴속, 모진 아픔을 치료하는 백의천사(1004)로 살아가겠습니다."

2014.03.08

UP

댓글 보기

남권** 2014년 3월 8일 오후 04:42 ♥ 좋아요
appy ♣
상큼한 하루♣
좋은 하루 ♣
행복한 하루♣
날씨가 차가워요.
따뜻한 차 한잔하시고
♡행복하시고 고운 주말되세요~^^
선전하시어 압승하시길 진심으로 기원합니다.
박사님! 화이팅♥♥

soon**** 2014년 3월 8일 오후 07:18 ♥ 좋아요
따뜻한 자리 참석 못 해 죄송합니다~~ 늘 마음뿐 오빠~~화이팅
좋은 주말 저녁 시간 되세요~~

참! 좋은 Day.

천지가 다시 살아나는 3월입니다. 만물이 그러하듯 저에게 있어서도 새로운 꿈을 설계하며 씨앗을 뿌리는 그런 날이기도 합니다.

하지만 저는 지금 가장 어렵고 힘든 자리에 서 있습니다. 진심으로 여러분의 따듯한 손길이 필요한 때이기도 합니다.

제가 대학교수로 7년간 재직하면서 준비한 환경 이야기, 《환경을 알면, 돈이 보인다》를 출판하게 되었습니다. 《가시꽃을 피운 남자》 소설에 이어 여러분의 많은 관심과 사랑을 진심으로 부탁드립니다.

참 좋은 날, 여러분을 정중히 초대합니다.

- 일시 : 2014. 3. 3(월) 오후 4시
- 장소 : 영등포구민회관
  (아트홀 2층 대강당)

2014.02.22

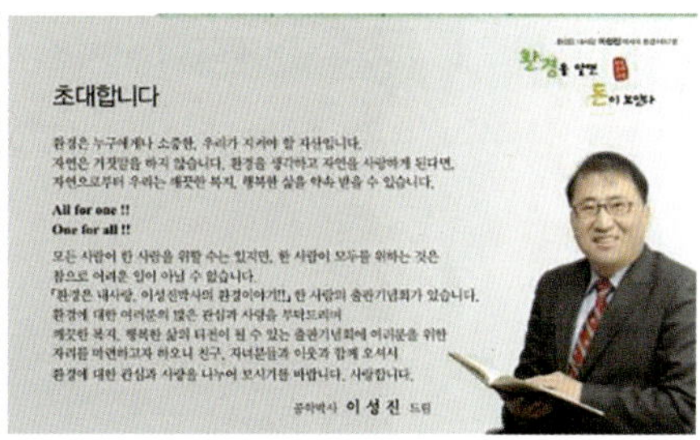

《환경을 알면, 돈이 보인다》 출판 기념회 초대장.

문학저널 문인회

벌써 6년이 지나는 것 같다. 2008년 5월 문학저널에 수필가로 등단하면서 신인문학상을 받은 지 말이다. 김중위 문학저널 총괄회장은 시인, 수필가, 4선 국회의원, 초대 환경부 장관으로 덕망이 높으신 분이다. 또한, 최열곤 문학저널 상임고문은 전 서울시 교육감으로 교육학, 법학박사 학위를 취득하고 시인으로 환경생태학자로도 열정이 대단하신 분이다.

오늘 충무로에서 시 낭송 발표회가 있었다. 나는 늘, 내게 큰 힘이 되어주고 있는 사랑하는 사람 아내에 대한 자작시를 읊었다.

1004.

그대 가슴 속

사랑하는 마음으로 희생하며 살고 싶다

사람 사는 일이 그러하고

사랑하는 일이 그러할 진데

길지 않은 시간,

짧은 삶

1004같은 나의 天使

그대 가슴 속

모진 아픔을 치료하는 백의천사로 살고 싶다.

2014.02.22

김중위 초대 환경부 장관님으로부터 신인문학상 수상.

문학저널 문인회 임원 여러분과 함께.

댓글 보기

남범현 2014년 2월 22일 오후 10:08 ♥ 좋아요
낭송회 모습 좋아요.
늘 좋은 일만 있으시길 바랍니다.

이성진(가시꽃을 피운 남자) 2014년 2월 22일 오후 10:43 ♥ 좋아요
남범현 회장님 새해 복많이 받으세요.
늘, 감사드립니다.

김춘선헬레나 2014년 2월 22일 오후 11:23 ♥ 좋아요
우와~♥ 빠름 빠름~♪ 아내 사랑하는 1004씨
참으로 감동했어요. 부러워요~*^^* 늘 처음처럼

이성진(가시꽃을 피운 남자) 2014년 2월 23일 오후 06:43 ♥ 좋아요
김춘선 사무국장님
늘, 웃는 모습이 사람들을 편하게 해요.
고생하셨어요. 행사 준비하느라고 ~~

오늘은 겨울 들어 영하 12도의 추운 날씨다. 시, 수필, 소설, 희극 여러 문학의 장르가 있지만 나는 시인, 수필가의 문학인으로서 한국문인협회 〈문학저널〉 동인지에 등단하면서 인연이 된 〈문학저널〉 송년 모임에 참석하게 되었다. 개인적으로 내게 삶의 방향, 삶의 무게를 가르쳐준 김중위, 초대 환경부 장관님을 처음 만나게 된 것도 〈문학저널〉 동인지를 통해서다. 장관님은 사상계의 편집장으로 아직도 열정적이고 진취적인 문학집필 활동을 지속적으로 해오고 있는 분이다.

나보다도 《가시꽃을 피운 남자》의 자전적 소설의 주인공 아내 수금 씨에 대하여 궁금해하며 안부를 묻고 보고 싶어 한다는 마음을 자주 표현해 주시는 분이다. 올해 칠십 중반을 넘긴 김 장관님은 국회의원 4선을 지낸 정치가이며 환경부 장관을 역임하신 환경인으로서 또한, 시인 칼럼니스트로 활동하고 계시는 장관님이 나의 삶의 롤 모델이 아닐 수 없다.

장관님의 건강한 모습을 뵙고 이렇듯 다시 만나 뵙게 되어서 그냥 좋았다. 오늘도 함께 소주 한잔을 나누며, 나의 진로를 걱정해주시는 장관님의 따듯한 마음은 겨울 차가운 바람을 잊게 하고 지난 지방자치선거에서 낙선된 아픈 상처를 치유해주는 온정을 느꼈다.

김창동 문학저널 발행인 배귀선, 이명순 시인님, 김춘선 사무국장님 그리고 27대 한국문인협회 이사장 선거에 출마하신 이광복 부이사장님 2019년 기해년 황금 돼지해에는 〈문학저널〉 동인을 비롯한 문학인 모두가 원하시는 일들을 성취하고 건강하고 복된 삶으로 함께하길 기도합니다.

2019.01.01

한국문인협회 27대 이광복 이사장님과 함께.

UP

댓글 보기

이명순 2019년 1월 1일 오후 07:19 ♥ 좋아요
선생, 새해도 계획하시는 일들 꼭 이루시길 기원합니다.

가영김옥자 2019년 1월 2일 오후 09:50 ♥ 좋아요
이성진(가시꽃을 피운 남자) 안녕하세요. 반갑습니다. 새해 복 많이 받으세요.

이옥분 2019년 1월 2일 오후 10:27 ♥ 좋아요
저도 가고 싶은 길입니다~~ㅎㅎ 멋지세요. 회장님 새해 복 많이 받으세요.

가을 순천 박람회 여행

가을은 낭만의 계절, 천고마비의 계절, 영등포 희망산악회, 영등포 사랑모임의 회장을 맡은 나는 지난 19일 사랑하는 아내와 함께 가을 여행을 떠났다.

45인승 버스에 선착순 인원 마감을 공고하였지만, 희망산악회에 많은 관심과 사랑을 갖춘 분의 열정으로 51명이 버스에 탑승 출발 예정 시간인 아침 7시에 여행목적지 순천 정원 박람회 및 순천만 갈대밭으로 여행을 시작하게 되었다.

지성병원, 사랑요양병원장님이신 문용자 박사님, 77세의 고령임에도 불구하고 나에게 힘을 더하기 위하여 가을 여행 테마에 함께 하셨다. 서울에는 예정시간보다 늦은 밤 11시 30분쯤 도착했다. 내가 6년간 근무하였던 경기과학기술대 영어과 페리스 동료 교수님을 비롯하여, 이 교수님, 윤 교수님도 가을 여행에 함께 하였다.

순천 정원에 펼쳐진 아름다운 꽃님들이 너도나도 제가 더 예쁘죠, 인사하며 나에게 다가온다. 꽃밭에 앉아 사진을 찍어달라는 나의 아내는 누가 더 예쁘냐고 내게 물어보는 것 같다.

'사람이 꽃보다 아름다워.' 내가 즐겨 부르는 노래 제목이기도 하지만, 사실 난 나의 아내가 꽃보다 더 아름답다는 표현을 처음부터 노래에 담아 불렀다.

2013.10.20

순천만 갈대밭 및 정원 박람회 여행.

UP

댓글 보기

장윤정 2013년 10월 20일 오후 05:28 ♥ 좋아요
못 가서 미안혀요. 회장님^^

이성진(가시꽃을 피운 남자) 2013년 10월 21일 오전 09:00 ♥ 좋아요
장윤정 이렇듯 마음만이라도 함께해주시니 ~~ ♥

soon****** 2013년 10월 21일 오전 08:29 ♥ 좋아요
늘 힘차게 사시는 모습. 멋져요~~~늘~~**화팅하세요**~~^^

문경숙文世羅세라문 2013년 10월 21일 오전 11:57 ♥ 좋아요
회장님! 감사드려요. 저도 단체사진 좀 보내주세요.
다음 카페에 사진 다 올려놨어용^^

이성진(가시꽃을 피운 남자) 2013년 10월 21일 오후 12:00 ♥ 좋아요
문경숙히포크레네 네 ~~ 외부장님 관련 사진 저한테도 보내주세요^^

김상숙 2013년 10월 21일 오후 10:14 ♥ 좋아요
멋진 추억 많이 담아 오셨네요^^ 함께 했으면 좋았을텐데...아쉽습니다^^

홍대유 2013년 10월 22일 오전 08:25 ♥ 좋아요
좋은 여행 다녀왔네~ 나두 가을 산행 가고 시퍼요.

원*연 2013년 10월 23일 오후 11:13 ♥ 좋아요
파란 잠바 입은 분은 아가씨??? 완죤 귀요미~~~ㅋㅋ

APP 볼링, 인생은 둥글게

지난 2019년 11월 16일 토요일 주말이다. APP 동문 연말 볼링대회가 개최되는 날이다. 3게임 465점으로 준우승을 차지했지만 아쉬움이 많았던 대회가 아닌가 싶다.

매월 월례회에 참석을 하지도 않는 동문으로 모처럼 참석하여 준우승이라는 큰 상을 받았으니 어쩌면 아쉬움보다는 함께한 동문들에게 미안함이 더 가까이에 있지 않나 생각한다.

용산 남영볼링센터 19레인에 함께한 4명의 동문들인 박진하, 전혜영, 이혜영, 이성진, 동반자의 응원과 팀의 단합이 큰 힘이 된 것 같다.

'스트라이크', '스페아 처리', [179]

취미로 시작한 볼링, 단 게임 최고의 점수로 기억된다.

건강을 설계하고, 가꾸고 지키는 일이 중요하다. 그래서 취미를 살리고 즐겨야 한다. 오늘, 준우승을 차지한 만큼 부끄럽지 않은 동문으로 그들에게 기억되게 하자.

2019.11.20

사회적 거리두기로 아직 코로나19의 위험 속에 숨을 쉬고 있다. 믿음 속에 상호 거리를 두고 13파운드의 하우스볼을 들고 레인 위에 올라섰다.

APP 동국대 볼링동호회는 오늘로써 제38회차 월례회의가 개최되는 뿌리가 깊은 친목 동호회 모임이다. 많은 회원 수의 회원들이 가입을 하고 있지만, 늘 약 30여 명 이상 참여하며 운동을 통한 건강과 그 이상 소통의 창구로 활용되는 공간이다.

취미로 시작한 볼링, 건강을 설계하고, 가꾸고 지키는 일이 중요하다.

볼링 경기를 할 때마다 볼링 볼은 내 인생의 내 마음과도 비교되는 것 같다.
스트라이크를 위하여 한 발, 한 발 내딛는 스텝은 중요하다. 스텝의 거리, 스피드, 방향 모두 스트라이크를 결정하는데 그 출발인 셈이다.
스텝을 밟을 때 그 마음은 어디에 두고 있는가, 들고 있던 볼링볼을 어느 지점에 어떤 속도로 볼을 놓아야 하는가, 방향은 어디를 보고 있어야 하는가.
내 마음에 따라 볼링볼은 놓아 지게 되고 라인을 따라 굴러간다. 마치 인생처럼 알 수가 없는 길을 굴러가는 것 같다.
스트라이크가 될 것 같다는 기대에 분명 똑바로 볼을 놓지만, 볼은 도랑(거터)으로 빠지고 만다, 아니면 도랑으로 빠질 것 같은 인생이지만, 볼링핀에 다가오면서 1번 핀과 3번 핀 사이로 훅이 걸리면서 스트라이크를 내기도 한다.
스트라이크는 선택과 집중이다. 또한, 인생 성공의 지름길도 선택과 집중에서 오는 것이 아닌가 싶다.
난, 오늘도 가슴(마음)크기만 한 13파운드의 볼링공을 굴리면서 스트라이크를 향해 땀을 흘린다. 인생, 내 꿈을 위한 성공의 스트라이크를 기대하여 본다.

2020.07.18

영등포구 골프대회

가을하늘은 자연스럽게 내 눈에, 내 마음속에 들어 왔다. 더욱이 사랑하는 님과 함께 할 수 있는 가을하늘은 더욱 푸르고 더없이 드높았다.

오늘은 11월 1일 금요일, 11월의 첫날이 아니라 너와 나 하나 되는 사랑의 날이기도 하다.

이름하여 111, 1에다 1을 곱해도 1, 1에다 1을 나눠도 1이 되듯 우리의 기쁨을 곱하거나 슬픔을 나눠도 결국 그 끝에 둘이 아닌 하나가 되는 날, 한 마음이 되는 날이다.

몇 일전, 10월 30일 '제2회 영등포구 골프대회'가 있었던 날이다. 청명한 가을하늘 아래 내 생각이 하나가 되고 사랑하는 님과 함께 마음이 하나가 되고 골프대회에 참가한 영등포 구민이

부부가 하나이듯 자연과 하나되는 날.

하나가 되는 그런 가을날이었다.
참가한 40팀 약 160명 정도 만남의 시간이었다.
OB가 나도 굿샷, 해저드에 빠져도 굿샷, 그저 우리는 가을 하늘을 바라보며 허공에 샷을 날려도 그냥 좋았다. 건강한 삶, 무엇과도 바꿀 수 없는 소중한 시간 그렇게 하루하루를 보내다 보면 하나가 되는 한마음뿐이다.

2019.11.01

작은 공 하나에 몸과 마음을 담아 그린 위로 샷을 날린다. 18홀, 타수가 중요한 건 아니지만, 잠깐의 찰나에 마음을 붙잡지 못하면 OB가 되어 볼을 찾을 수가 없게 되고, 해저드에 빠짐으로 1타를 잃어버리는 아쉬움이 남는다.
청명한 가을하늘, 늘 뵙고 인사를 나누었던 이웃들이며 영등포구의 주민들로 이렇듯 체육행사를 통하여 함께 라운딩하게 된 것이다.
1회의 대회를 시작하면서 함께 라운딩하게 되었고 대표로 몇몇 사람과 더불어 '시타'를 하게 되었다.
나이를 먹어가며 함께 할 수 있는 운동이 골프가 아닌가 싶다. 곱게, 아름답게 늙어가는 웰에이징의 바람을 지금 행사장 자리에 함께하고 있는 사랑하는 아내와 오늘 함께한 라운딩이 그렇다. 나이를 먹어서도 부부가 함께 할 수 있는 운동, 골프는 웰에이징의 바람을 함께 불러일으키는 것이라고 생각 한다.
나의 건강도, 당신과 나의 행복도, 그리고 우리 모두의 사랑도. 굿-샷!

2018.10.30

나이를 먹어서도 부부가 함께 할 수 있는 운동은 골프가 아닌가 싶다.

추석연휴, 굿샷을 외치다

싱글벙글 회장님 부부와 함께 깨끗한 자연의 도시 강원도 문막 명봉산 자락의 센츄리21CC를 찾았다. 추석 연휴 1박 2일의 휴가를 낸 것이다.
청명한 가을하늘은 우리네 마음처럼 맑고 파란 색상의 옷을 갈아입었다. 복잡하고, 어지러운 마음들을 티샷 위에 올려놓고 힘을 빼고, 자연스럽게 빈 스윙을 하듯 드라이버샷을 날렸다.
오잘공! 세컨샷에 그린온, One Pert, Buird, 스트레스가 날아간 듯, 좋아하는 모습의 그녀. 골프에 입문한 지 짧은 시간임에도 일취월장 프로의 모습을 닮아가고 있다. 수영과 함께 취미를 더해가는 그녀의 모습에서 난, 더없는 행복의 지도를 그려 본다.
함께하는 시간, 행복한 시간들, 하루가 아쉽게 오늘 하루도 저물어 가고 있다. 함께한 회장님 부부에게 감사와 고마움을 전하며 내일의 희망에 에너지를 쏟는다. 나의 삶, 사랑 Only You.

2018.09.25

UP

댓글 보기

라향기** 2018년 9월 26일 오전 11:32 ♥ 좋아요
좋은 시간 보냈네 그려~~

이순우 2018년 9월 26일 오후 08:13 ♥ 좋아요
알차게 보내는 친구네. ㅎㅎ

유영숙 2018년 9월 29일 오후 02:31 ♥ 좋아요
오랜만에~~^^

함께하는 시간, 오늘 하루도 저물어 가고 있다.

전국 검정고시인 한마음 골프대회

제14대 총동문회 문주현 총회장님을 비롯 박영립(변호사) 초대 회장, 63회 박범계 대전 서구 국회의원 등 약 80여명이 참석한 가운데 성대하게 대회를 치루게 되었다.

신페리오방식으로 진해된 우수상, 메달리스트, 그리고 남, 여 Longest, Nearest 다버디, 다파, 다보기상을 비롯 행운상까지 푸짐한 상품이 걸린 대회였다.

장마철임에도 날씨는 무더웠다. 밸리 1조에 속한 우리 팀은 처음부터 All 파를 기록하며 순조로운 출발을 했다.

전반 Valley Course 6번홀 파3 Near 홀에서 1.5m로 핀 가까이에 붙였다. 후반 Lakes Course 4번홀 파5 Longest 홀에서는 드라이버로 245m의 거리로 굿샷을 하게 되었다.

시상식에서 Nearest는 모 선배님이 핀 1m 가까이 붙임으로써 상을 받게 되었고 Longest는 245m의 거리로 2명이 같은 거리였다. 한 분은 나보다 3년 후배였기 때문에 연장순으로 내가 Longest상을 받게 된 것이다.

오늘 하루 86타의 좋은 성적으로 하루를 마무리하면서 앞으로 더 많은 난관을 극복해야 할, 에너지를 충전하며 동문들의 화합을 다지는 보람된 하루를 보내게 되었다.

"신뢰를 저버리지 않았다면, 지인으로부터 경제적인 도움의 '돈'을 빌릴 수는 있지만, 건강을 잃어버렸다면 아무리 가까운 지인이라 하더라도 본인의 건강을 대신하여 '건강'을 빌릴 수는 없다."

2016.06.24

전국검정고시 총 동문 문주현 회장님과 참여 동문님들.

골프는 인생의 스승

한국자유총연맹 강동구지회 월례 골프대회 초청을 받고 함께한 하루였다. 장마철이지만, 35도를 오르내리는 아주 뜨거운 햇살이 눈살을 찌푸리게 한다. 누구를 만나는가에 따라 그가 좋아하는 일을 좋아하며 따라 하게 된다. 중3 때에 좋아했던 담임선생님이 음악 선생님이었다. 그래서 남달리 일찍 기타를 배웠고 30곡이 넘는 곡을 작곡하며 선생님을 그리워한 적도 있다.

나를 골프에 관심을 가지게 하고 더 열심히 운동하게 한 친구가 있다. 골프를 통하여 첫 만남을 갖게 되면서 3년이라는 시간이 흘렀다. 그와 함께하니 아이스크림처럼 내 마음 깊숙이 녹아내리듯 골프에 대한 재미는 더해만 갔다.

커피 한 잔을 나누어도 그냥 좋은 사람이 있다. 그 사람의 눈빛은 따뜻한 커피와 같아서 함께하면 햇살이 가득 모인 창가에 앉아 있는 것 같고, 커피잔을 든 두 손을 통해서는 그 사람의 따뜻한 마음을 느낄 수 있기 때문이다.

또한, 전화만 가볍게 주고받아도 그냥 좋은 사람이 있다. 그 사람의 말속에는 진솔함이 담겨 있고, 예의가 있어 통화하는 시간에는 나로 귀한 사람이 되게 하고 또렷한 음성을 통해서 그 사람도 나에게 소중한 사람이 되기 때문인 것 같다.

나를 알고 있는 모든 분에게 권하여 드리고 싶은 것이 있다. 생활 속에 그냥 좋아서 좋은 사람이 많았으면 하는 바람이다. 따스한 눈길 한번이 서로에게 힘이 되고 주고받는 짧은 글이지만 서로에게 더 정겨움의 시간을 나눌 수 있다면 더 많이 행복하고 좋은 사람의 인연으로 감사할 일이 많아지지 않겠는가. 세월의 발자국만큼 행복의 흔적 또한 많이 남겨지는 멋진 인생을 함께 만들어 갈 사람, 친구이든 연인이든 선, 후배이든 좋은 분들이 곁에 많았으면 하

골프를 통하여 오늘도 많은 것을 배울 수 있게 되었다.

는 바람이다.

오늘 하루도 몸과 마음을 정결하게 하고 잡념을 떨쳐버리고 정성을 다하여 하나, 하나의 샷을 소중하게 날려 버린다. 굿샷!

강동구 이국순 지회장님, 초대해주셔서 감사드립니다. 골프를 통하여 오늘도 많은 것을 배우고 좋은 추억으로 인생을 더 아름답게 그림을 그릴 수 있게 되어 더욱 행복했습니다. 고맙습니다.

2015.07.19

한국자유총연맹 자유 골프대회

한국자유총연맹 서울시지부 주최 제2회 자유 골프대회가 있었다.
허준영 총재를 비롯 이성희 사무총장 그리고 김정현 서울시지부장외 50여명이 함께 했다.
서울시 25개 구 지회장 및 각구 운영위원 등이 참석한 이번 골프대회는 허준영 총재의 취임을 기념하며 서울시 핵심간부의 단합과 친목을 위한 경기였다.
날씨는 철쭉과 어우러져 화창한 봄 날씨의 자태를 드러내고 저마다 닫힌 마음의 문을 열고 굿샷을 외치고 있었다. 굿–샷!

2015.04.28

한국자유총연맹 허준영 총재님과 함께.

서울특별시지부 자유골프대회.

한국자유총연맹 김정현 서울특별시지부장.

집중과 선택 Birdie Chance.

1948년 대한민국 건국 이후 6년의 시차를 두고 한국자유총연맹은 1954년 '아시아민족반공연맹'을 창립으로 올해 60주년의 역사를 가지고 있으며, 이 땅의 자유민주주의 수호와 선진 대한민국을 건설하기 위하여 앞장서 온 유일 이념 운동 단체이다.

서울시 25개 구 지회장들이 친목과 화합을 도모하기 위하여 마련된 골프대회로 영등포구지회는 강남구지회장, 시지부 전 부회장님 그리고 본부에 유위원님과 1조를 이루어 경기가 진행되었다.

영등포구지회장인 나는 86타를 기록 1조에서 우승하는 쾌거를 이뤘다. 밤안개를 뒤로 하고 늦은 시간 라운딩을 마쳤다.

이날 김정현 서울시 지부회장님을 비롯 관계자 여러분이 참석, 첫 대회의 성공을 자축하며 그렇게 토요일 주말을 보내게 되었다.

2014.11.23

한국 자유수호 웅변대회

참으로 오래간만이다. 40여 년 전 초등학교 시절 웅변대회 연사로 참여했던 기억이 생생하다. 반공을 중요시했던 시절이라 웅변대회에 대한 많은 관심과 지도가 있었던 것으로 기억된다.

원제목이 《레미제라블》인 《장발장》은 1862년 프랑스 소설가 빅토르 위고가 쓴 대작이다. 누이동생 및 일곱 조카와 함께 생활하면서 그는 빵을 훔치게 됨으로써 3년 형을 선고받고 감옥생활을 하다 탈옥을 시도 다시 19년 형을 받게 되었다.

"자유가 아니면 죽음을 달라."

요즘 자유를 찾아, 고난의 행군 배고픔을 참지 못해 탈북을 하게 된 탈북자가 24,000여 명에 이른다고 한다. 관내 초, 중, 고 어린 학생들이 대한민국의 자유 수호를 위하여 목놓아 외치는 소리를 들으며 잊혀져 가는 자유의 소중함을 스스로 깨달아가는 학생들이 대견스러웠다.

'평화통일을 위한 우리의 다짐'이라는 주제로 최우수상을 수상한 고1 황채원 학생은 영등포구 대표로 9월 2일 서울시 대회에 참가하게 된다.

물론 전국대회에서 대통령상을 영등포 대표로 참가하는 황채원 학생이 서울시대회 본선을 통과하여 좋은 성적을 거둘 것이라고 염원해 본다.

2014.08.23

영등포 전국자유수호 웅변대회.

중국 BUYER와의 만남

지난 8월 13일 중국 Kaitian Group의 MIng qiang Ye 회장을 비롯 8명의 Buyer가 당사를 방문 환경오염의 방지시설 및 자동차 매연 저감 촉매 장치에 구매 의사를 밝히고 MOU를 체결하였다.

생활폐기물소각장 및 VOC 악취에도 많은 관심과 기술이전을 그리고 중국 시장에 진출할 것을 희망하면서 아침 8시 30분부터 시작된 회의는 오후 2시가 돼서야 끝났다. 앞으로 중국 시장에 대한 관심이 곧 사업으로 연결될 것을 믿어 의심치 않으면서 열심히 환경사업의 구상 및 설비시스템을 설명하였다.

2013.08.22

중국 Kaitian Group의 BUYER와의 MTG.

지난 5월 3일 중국 연변 자치구에 2박 3일 출장을 다녀왔다. 북쪽에 위치한 지리적 환경으로 겨울철 추위를 4월 말까지도 느낀다고 한다. 에너지를 절약하기 위하여 중앙 열 공급설비를 운영하는데 이번 방문은 연변 자치구의 신풍, 흥안지구 내 관계자의 초대를 받아 폐기물소각을 이용한 연료대체 열 공급 설비를 검토 추진하기 위한 방안으로 출장을 다녀왔다.

성공적인 만남이 후 40분 거리에 있는 두만강 중국 접경지역을 관광하게 되었다. 강폭이 넓지 않은 도문강 접경 북쪽을 바라보며 최근 벌어지고 있는 남북 관계의 현실을 느끼고 확인하는 계기가 되었다.

2013.05.05

중국에서 바라본 북한 마을.

중국 도문강 접경지역.

♥ UP

댓글 보기

soon****** 2013년 5월 5일 오후 11:13 ♥ 좋아요
잘 다녀 오셨어요~~ 오빠는 늘 걱정과 노력한 만큼 행운이 있기를
늘 기원합니다.

윤*희 2013년 5월 6일 오전 09:32 ♥ 좋아요
여러모로 애쓰심에 찬사와 격려를 보냅니다.
모쪼록 성령님의 인도하심으로 좋은 결과 있기를 바랍니다.
아멘.

김성래 2013년 5월 6일 오전 11:05 ♥ 좋아요
일이 잘되고 있다니 반가운 소식일세!

김일도 2013년 5월 6일 오전 11:47 ♥ 좋아요
잘 지내시죠? 하시는 모든 일 잘되시길 바랍니다.

오세완 2013년 5월 6일 오후 01:17 ♥ 좋아요
이대표님 사업 번창하시길 바랍니다.

김정득 2013년 5월 6일 오후 01:25 ♥ 좋아요
멀리 다녀오셨군요!
출장 가신 일 잘되셨길 바랍니다.
봄기운 가득한 싱그러운 아침입니다.
금주도 활기차고 멋진 한주가 되시길 바랍니다 ~^^

오세완 2013년 5월 6일 오후 01:25 ♥ 좋아요
지금이 바쁜 시기인가 봅니다. 사장님도 일 잘 되시니 좋으시겠습니다.
좋은 일만 가득가득하세요.

전국 제1의 생기처 마니산

해발 472m의 높이 강화 마니산은 기가 우리나라에서 가장 센 곳이라 제1의 생기처로 불리는 곳이다. 단군왕검이 천제를 올리던 곳, 참성단에서 나는, 6.4 지방선거의 승리를 위하여 두 손을 모아 기도를 드렸다.

영등포구청 후보 7명의 1차 경선에서 새누리당 Cut-off제 결과발표로 4배수로 명단이 확정되었지만, 이제 시작이라는 초심을 잃지 않고 향후 최종 경선을 위하여 마니산을 찾은 일행과 함께 마니산의 정기를 받고 심호흡을 멈추지 않았다.

산을 오르는 동안 지역에 많은 분에게 축하의 전화를 받았다. 제한된 여건이지만, 꿈을 포기하지 않고, 도전을 멈추지 않은 결과라 생각한다. 포기하는 갈등보다 도전해서 오는 갈등이 더 멋있다. 최선을 다하고 포기하지 않는다면 반드시 좋은 결과가 있을 것이다.

2014.03.30

생기처 마니산 정상에서.

16대 국회의원 오경훈 양천구청장 후보.

UP

댓글 보기

문경숙文世羅세라문 2014년 3월 30일 오후 07:15 ♥ 좋아요
화이팅하세요~~~^^

김기호 2014년 3월 30일 오후 09:51 ♥ 좋아요
제일의 생기처 기운 듬뿍 받으시길.

배스티브 2014년 3월 30일 오후 10:19 ♥ 좋아요
화이팅 친구!!!

김*태 2014년 3월 31일 오전 09:20 ♥ 좋아요
좋은 결과를 기대하고
또 열심히 또 열심히 하시길
공천이 언제인가요.

권*상 2014년 3월 31일 오후 12:00 ♥ 좋아요
천기를 받아서 천명을 받드시게. 옆에 있는 mr O는 국회의원하던 대학 동기인 듯하네.

남권** 2014년 3월 31일 오후 01:20 ♥ 좋아요
^^ 3월의 마지막일이자 새로 시작된 월요일 보람된 하루가 되시고 즐거움 넘치는 희망찬 한주 되세요. 이성진 후보님♥♥ 선전하시고 꼭 압승하셔서 아름답고 희망찬 영등포를 만들어 주세요. 이번 주도 화이팅 하세요.

LeeRanee 2014년 3월 31일 오후 02:05 ♥ 좋아요
개나리 진달래꽃이 만개한 봄입니다.
활짝 핀 꽃들처럼 화사하게 피어나시길 늘 기원해드립니다!!

정치대학원 수료식

국회 헌정기념관에서 새누리당 정치대학원 제17기 졸업식이 있었다. 8주간 짧은 기간이었지만 정치에 꿈을 키우고 있는 전국 지망생 중 선별된 80여 명의 동기생은 아쉬움을 뒤로 하고 새로운 출발점에서 서로에게 사랑을 나누며 격려를 아끼지 않고, 배려하는 모습은 정치의 판을 뒤흔든 모습이 아닐 수 없다.

영등포구 관내 8명의 동기생이 함께 교육의 과정을 밟았다. 그동안 3기, 6기 남성우 실장 및 오인영 구의회 전, 의장님도 정치대학원의 과정을 거쳐 간 듯하다.

주호영 새누리당 정책위위원장님, 이인제 최고위원, 정병국 전, 문화체육관광부 장관 등 많은 분의 강의를 들으며 좀 더 정치와 정치환경에 대한 이해를 쉽게 하게 된 듯하다. 새롭게 꿈을 꾸어 본다. 그동안 정치의 롤모델로 생각해왔던 4선 국회의원이면서 초대 환경부 장관이었던 김중위 장관님, 그분을 지금 한국문인협회에서 같은 문인으로 가까이에서 자주 만남을 가질 수 있다는 것이 다행이 아닐 수 없다. 그 꿈에 대한 믿음을 좀 더 가까이에서 실현할 수 있다는 것이 나의 희망이다.

"포기하려는 갈등보다 도전해서 오는 갈등이 더 멋있다."
그렇다. '점' 하나의 역활을 보면 도전하려는 그 열정만으로도 그 꿈은 이루어진다.

Dream is no where / 꿈은 어디에도 없다.

Dream is now here / 꿈은 여기에 있다.

2014.12.28

UP

댓글 보기

홍대유 2014년 12월 29일 오전 09:36 ♥ 좋아요
축하하고 수고했어요^^
꼭 모두에게 희망을 주는 정치인이 되어주거나^^ 친구가

이성진(가시꽃을 피운 남자) 2014년 12월 29일 오전 09:45 ♥ 좋아요
홍대유
홍회장님~~
늘, 친구가 있어 힘이 됩니다.

서옥녀 2014년 12월 29일 오후 12:07 ♥ 좋아요
축하 축하드립니다.
날개를 달았으니 멋지게 날아 보시어요.^^*

김기호 2014년 12월 29일 오후 02:40 ♥ 좋아요
새해에는 새로운 희망이 결실을 맺기를 바랍니다 ^^*

김정득 2014년 12월 30일 오후 03:08 ♥ 좋아요
이성진 회장님!
♣새해 복 많이 받으세요 ^^
닭아오는 을미년 새해에는 항상 행복과 즐거움이 충만하시고
임하시는 모든 일 소원성취 하시길 바랍니다.
남겨진 아쉬움보다 새해를 맞이하는 기쁨과 희망이 배가되는 그런
한 해가 되시길 기원합니다~^^

이성진(가시꽃을 피운 남자) 2014년 12월 30일 오후 03:17 ♥ 좋아요
김정득 회장님, 넘 오래간만에 문안 인사드립니다.
새해에도 건강과 행운이 함께하는 을미년 한 해가 되길 기도합니다.

새누리당 정치대학원 17기 졸업.

행복의 문, 휴가여행

[휴가 1]

지난 시간들, 앞만 보고 달려온 것 같다. 더 힘들고 더 높은 곳에 오르려면 오늘의 휴식이 필요하다. 결혼 23년 만에 우리는 오랜만에 둘이서 함께 여행을 떠났다. 아이 둘은 집을 떠나 있어서 어렵지 않게 가벼운 마음으로 아침 일찍 집을 나섰다.

"사랑하라, 이 세상을 다 얻은 것처럼." 마더 테레사(Mother Teresa) 수녀의 말처럼 그동안 마음고생 많았던 사랑스러운 나의 아내를 위하여 세상을 다 얻은 것처럼 하루하루 난 그렇게 사랑하리라. 휴가는 또 다른 새로운 사랑의 출발점이 되리라. 2013.08.05

강원 정선 여름휴가 중 짚와이어(Zip-wire).

UP

댓글 보기

김성중대성공인 2013년 8월 5일 오후 08:21 ♥ 좋아요
충전의 시간 멋집니다~~

권*상 2013년 8월 5일 오후 08:24 ♥ 좋아요
멋지다. 화끈 불끈 매끈하게 지내고 오시게.

이성진(가시꽃을 피운 남자) 2013년 8월 5일 오후 08:26 ♥ 좋아요
김성중낙지아저씨 정말 좋다~~ ㅎ

YJ토모태린 2013년 8월 5일 오후 08:51 ♥ 좋아요
좋은 곳 다녀오셨네요~~~ㅎㅎ 사모님 넘~~즐거워 보이시네요~~~

이성진(가시꽃을 피운 남자) 2013년 8월 5일 오후 08:26 ♥ 좋아요
YK토모양정 낼~ 모레 계속 휴가 중 APP 모임 때 봐야 겠네요.

유*자 2013년 8월 5일 오후 08:54 ♥ 좋아요
좋겠네. 멋진 추억 많이 만들고 즐겁게 놀다 와요.

이성진(가시꽃을 피운 남자) 2013년 8월 5일 오후 08:54 ♥ 좋아요
유경자 넘 ~~ 넘

문경숙文世羅세라문 2013년 8월 5일 오후 09:28 ♥ 좋아요
회장님! 홧팅~~~^^

이성진(가시꽃을 피운 남자) 2013년 8월 5일 오후 09:29 ♥ 좋아요
문경숙히포크레네 고맙습니당~~~♥

김기호 2013년 8월 6일 오전 07:17 ♥ 좋아요
휴식을 위하여 건배^^*

전성진 2013년 8월 6일 오후 05:03 ♥ 좋아요
와우~ 집와이어! 멋지게 보내시게.

이성진(가시꽃을 피운 남자) 2013년 8월 6일 오후 05:23 ♥ 좋아요
전성진 땡큐~~~ ♥

[휴가 2]

강원도 정선 남면에 위치한 공기가 맑고 오염되지 않은 친환경적인 힐링캠프의 사진이다. 3년 만에 만나게 된 친구가 운영하는 펜션으로 예약도 없이 우연히 만난 것이 오늘 이곳에서 1박을 하게 된 것이다.

7년전 유럽 여행을 갔을 때 문득 생각이 난다. 계곡 사이 사이에서 아지랑이가 피어오르던 모습을 전망이 좋은 곳에 위치한 100년이 지난 고궁 호텔에서 시각적인 그림을 그리던 그날이 오늘 펜션과 다를 바가 없기 때문이다.

오늘 정선 계곡의 시냇물 소리는 36인조 오케스트라가 빚어내는 사운드보다 더 훌륭한 연주가 아닐 수 없다. 잠자리를 멀리하고 귀를 기울여 본다.

편안해지는 이 마음 정선의 밤은 깊어간다.

2013.08.05

강원 정선 새들의펜션 전경.

[휴가 3]

1. 백석폭포 : 산 정상에서 개천으로 흐르는 119m의 폭포
2. 스카이워크 : 동강 및 조양강의 물줄기가 마치 대한민국의 전도를 그린 것처럼 형상화된 지형을 해발 1,100고지에서 내려다 볼 수 있는 관망대
3. 짚와이어 : 동양최대의 시설, 시속 120km의 속도 거리, 약 4km 하강 후 약 3분 소요, 비용 40,000원/1인
4. 곤도라 : 해발 1145m 정상까지 이동, 비용 12,000원/1인
5. 알파인코스터 : 시속 40km 하강, 비용 14,000/1인
6. 아우라지 : 뗏목축제 / 아리랑 축제 / 배우원빈고향
7. 곤드레 : 강원정선 특산나물밥
8. 정선 5일장 : 2일, 7일
9. 레일바이크 : 왕복 1시간 30분, 비용 25,000원/2인, 3인 35,000원
10. 화암동굴 : 14,000원/2인

2013.08.06

[휴가 4]

행복 에너지. 휴가 기간은 지치고 힘든 삶의 에너지를 충전하는 시간이었다.
내일이면 또 앞만 보고 충전된 에너지의 힘으로 달려가야 한다.
에너지는 누가 채워주는 것도 아니고 비용을 지불하고 사재기할 수 있는 소모품도 아니다. 그저 나의 의지와 생각만으로 만들어지고 마음속에 가득 채울 수가 있다. 그래서 삶의 쉼표, 휴가라는 것이 필요하다. 생각을 비우고 채우는 시간

말이다. 창조적인 생각은 생각을 비운 상태에서 채워진다. 마음을 비우고 생각을 비우는 소중한 시간, 더 새로운 것을 채우고 많은 것을 담고자 한다.

2013.08.07

[휴가 5]

서울이 34°를 비롯하여 가장 높은 기온을 나타낸 가운데 전주는 37.6°라고 한다. 이상기온 현상으로 햇빛을 차단해줄 오존층이 대기오염과 환경오염에 의하여 하늘에 구멍이 뚫린 것이다. 체온 36.5°보다 1°만 더 올라가도 사람은 어딘가 몸이 이상 있다는 것을 알 수 있다. 그렇듯이 지구는 지금 몸살을 하고 있다. 지구온난화 즉 기후변화로 인한 엘니뇨, 라니냐 현상이 그렇고 국지성 호우, 가뭄에 홍수 모두가 환경 대재앙이 아닐 수 없다. 휴가 기간 자연과 하나 되며 자연의 품속에서 쉼을 얻고자 했다. 휴가 마지막 날, 정선에서 오일장을 보고 북평면 황골계곡에 발 담가 본다. 나를 사랑하듯 자연을 사랑하며 자연과 하나 됨을 느끼는 하루였다.

2013.08.07

함께하는 물놀이 수영장에서.

MDM그룹 협업에 길이 있다

전국검정고시동문회 총동문회 신임 회장으로 취임하시는 MDM그룹 문주현 회장님이 장소 및 조찬을 제공해주셨다. 또한 협업의 길에 대한 명강의를 해주신 윤은기 한국협업진흥협회 회장님의 강의를 듣기 위하여 집에서 6시쯤 길을 나섰다.

스티브 잡스의 '창조'는 연결하는 능력이다. 원천 창조, 모방 창조, 융합 창조의 능력은 서로 다른 분야로의 수평적 연결이다.

예전의 같은 동문화, 즉 동문, 동기생, 동지, 동포, 동족 등 유유상종의 문화중심에서 이민족, 이문화, 이단이다.

다른 문화와의 융합을 통한 협업산업만이 앞으로 상생하는 길임을 또다시 깨닫게 된다.

독단, 독선, 독자의 시대에서 공동, 공공, 공익의 시대로 협업 문명으로 메가시너지 효과를 낼 수 있다는 것이다.

현대의학에서의 협진, 현대산업에서의 협업을 통한 비즈니스, 모두가 동(같은)의 시대에서 이(다름)의 시대로 융합이 되어야 한다.

창과 방패가 있다고 하자. 각자 최고의 성능을 지닌 물건들이지만 즉, 창 따로, 방패 따로는 물건을 모두 팔 수는 있지만, 최고의 성능을 가진 창과 방패를 한 장소에서 판매하기에는 그 수요가 많지 않을 것이다.

창과 방패가 같은 것끼리 어울리는 것은 융합이 아니다. 창과 방패가 아닌 다른 것, 방패가 창이 아닌 다른 것과 어울려야 최고의 성능으로 그 가치를 높일 것이다.

2015.12.01

MDM Group 문주현 회장님과 검정고시 동문 조찬 포럼.

UP

댓글 보기

안호원 2015년 12월 1일 오후 09:57 ♥ 좋아요
얼래 그많은 사람들 중 낯익은
얼굴이 보이네요. 내가 잘 아는
분 같아요. 빛이 나네요. 눈부
시게 ㅋㅋㅋㅎㅎㅎ누굴까요?
자수 안 해도 좋아요.
그러나 조계사는 가지 마세요.

라향기** 2015년 12월 2일 오전 09:23 ♥ 좋아요
친구!! 멋지구마~~

이성진(가시꽃을 피운 남자) 2015년 12월 2일 오전 09:30 ♥ 좋아요
안호원
교수님
자수할께요~~
가시꽃을 피운 남자입니다~~ㅎ

이성진(가시꽃을 피운 남자) 2015년 12월 2일 오전 09:38 ♥ 좋아요
윤미숙
지워지지 않는 것이 있다면
그 일들이 친구에게 힘이 되었으면 ~~

남권** 2015년 12월 3일 오후 01:20 ♥ 좋아요
즐거움 가득한 좋은 일들만 있으시고 행운 가득하세요.
열심히 응원합니다.
회장님 ♡ ♡
승승장구하시고 소망하시는 꿈이 꼭 성취되시길 기원합니다.

이성진(가시꽃을 피운 남자) 2015년 12월 3일 오후 08:09 ♥ 좋아요
남이상권
간사님 감사합니다~~♡

한중 리더십 협회

지난 11월 조선호텔에서 사단법인 한중 리더십 협회 출범식이 있었다.
협회 초청으로 참석하여 홍보대사인 채시라 부부와 탤런트 박해미 교수님 그리고 북경대학교 정보대학의 웨이종야 교수님, 마시우준 교수님과 함께 한, 중 우호를 다지는 시간을 가졌다.
3년째 북경 군의중학에서 고등학교 과정을 배우고 있는 아들 준석이 생각에 이들과의 만남은 남달리 더욱 반가웠고, 중국에 대한 관심과 기대는 남달리 크지 않을 수 없었다.
한, 중 우호적인 리더십 협회의 발전을 기대하지 않을 수 없다.

2013.12.08

북경대학 정보대학 교수님, 박해미 배우님과 함께.

전국검정고시 총동문 송년모임

지난 12월 28일 한양대 동문회관에서 160만 전국검정고시 총 동문들의 송년 모임에 600명의 동문들이 참석 성황리에 끝냈다. 2006년 영등포구지회장으로 임명장을 받고 또한, 62회 회장으로 활동해오고 있다.

이날 참석하신 검정고시 출신 동문 민주당 정세균 의원, 동문회 총회장이신 강운태 광주시장과 함께 기념사진 촬영을 했다.

어렵고 힘들었던 시절들을 잘 극복하고 이 자리에 함께한 동문들이다. 마주 잡은 손을 놓지 않고, 시선은 한곳을 향한다. 우리가 가야 할 곳은 누군가 이야기를 하지 않아도 그곳을 바라보며 가고 있다. 약자를 위한 곳, 정의를 바라는 곳이라면 이 사회에 뿌리가 되겠다며.

2013.12.29

전, 정세균 국무총리와 강운태 광주광역시장님과 함께.

♥ < UP

댓글 보기

남권** 2013년 12월 29일 오전 11:28 ♥ 좋아요
우리분과 이성진 박사님도 계시네요. 즐겁고 행복한 좋은 휴일되세요.

이성진(가시꽃을 피운 남자) 2013년 12월 29일 오전 11:31 ♥ 좋아요
네~~ 새누리당 중앙위원회 환경분과 부위원장이라는 직함은 늘 함께합니다.
간사님 고맙습니다.

배스티브 2013년 12월 29일 오전 11:48 ♥ 좋아요
성진이 잘 있지? 새해에도 건투를 비네.

이성진(가시꽃을 피운 남자) 2013년 12월 29일 오전 11:50 ♥ 좋아요
배스티브 덕분에~~ 새해 복 많이 받어.

배스티브 2013년 12월 29일 오전 11:51 ♥ 좋아요
자네도 새해 복 많이 받고 사업도 정치일도 잘 될거야.

라향기** 2013년 12월 29일 오전 11:57 ♥ 좋아요
친구!! 멋져여^^

이성진(가시꽃을 피운 남자) 2013년 12월 29일 오전 11:50 ♥ 좋아요
윤미숙 3년 연장 계약 축하해~~
하나님은 능력대로 주시는 것 같아~~ㅎ

남권** 2013년 12월 29일 오후 06:14 ♥ 좋아요
행복만들기 12월 29일 일요일 -
오늘도 좋은 글 하나와 좋은 노래 한 곡 골라서 보내 드립니다.
재밌게 감상하시고 감사하고픈 분들께 사랑담긴 따뜻한 덕담 한마디씩
건네서 모두가 행복해지는 멋진 하루 되세요.^^
행복은 함께 하면 두 배 어려움은 함께하면 절반이라네요.

홍대유 2014년 1월 11일 오전 08:16 ♥ 좋아요
항상 의미있는 시간이여~

에코엔서비스 사무실 이전

지난 9월 7일 양평동에 있는 E&C Dream Tower 11층으로 사무실 이전을 하게 되었다.
늘 내게 새로운 에너지를 충전해주는 분들이 찾아왔다. 평소 존경하는 안두원 고문님 이하 산악회 임원들의 방문은 내게 날개를 달아주며, 사업의 번창을 기원하며, 축하를 위한 방문이었다. 내가 회장으로 직책을 맡고 있지만, 이들이 있기에 3년이라는 시간을 함께할 수 있었고, 일취월장 꿈과 희망을 함께할 수 있었다.
감사한 마음, 반가운 인사, 이들의 아름다운 미소를 떠올리며 글을 남긴다.
희망산악회 임원 여러분 행복하세요.

2013.09.26

에코엔 서비스 본사 사무실 이전 기념.

댓글 보기

홍대유 2013년 9월 26일 오후 01:36 ♥ 좋아요
사무실 이전했어. 축하해~~ 사업 더욱 번창하시길~~

이명순 2013년 9월 26일 오후 02:03 ♥ 좋아요
이사장님 사무실 이전 축하드립니다. 그리고 사업도 더욱 더 번창하시길 기원합니다.

최지은짱 2013년 9월 26일 오후 03:30 ♥ 좋아요
이전식 하셔야죠~~~!

강미석 2013년 9월 26일 오후 03:34 ♥ 좋아요
이박사님! 날로 번창 하시기 바랍니다. 끝까지 함께 하지 못해 죄송했습니다.

강*구 2013년 9월 26일 오후 04:31 ♥ 좋아요
이박사님 사무실 이전 축하합니다.

김*태 2013년 9월 26일 오후 04:57 ♥ 좋아요
이성진(가시꽃을 피운 남자) 늘 건승하시길 바랍니다.

소*점순** 2013년 9월 26일 오후 05:23 ♥ 좋아요
사무실 확장 축하드려염~^^ 글구 대박나셔염

장윤정 2013년 9월 26일 오후 05:46 ♥ 좋아요
참석 못해 죄송해유.

김상숙 2013년 9월 26일 오후 05:47 ♥ 좋아요
회장님 사무실 이전 축하드립니다. 무궁한 발전을 기원합니다^^*

김성중대성공인 2013년 9월 26일 오후 07:05 ♥ 좋아요
회장님 사무실 이전 축하드립니다. ^^*

원*연 2013년 9월 26일 오후 08:29 ♥ 좋아요
이전을 축하합니다.

라향기** 2013년 9월 27일 오후 05:27 ♥ 좋아요
축하 축하~~~ 일취월장하길~~~

부부골프, 하나 되는 마음

굿-샷!

하나 되는 마음, 투명한 마음 모두 드라이버 샷 하나에 모든 마음을 비운다.

그릇에 흙탕물을 담아 놓으면 시간이 지나면서 흙이 가라앉습니다.

흙탕물일 때는 아무것도 보이지 않지만, 흙이 가라앉으면 투명하게 그 안이 들여다보입니다.

마음을 고요하게 가라앉혀 맑게 하면 참된 지혜의 눈이 열리게 됩니다. 현상 세계의 모습이 허상임을 생생하게 알게 되어 분별심을 버리고 집착에서 벗어날 수 있습니다. 나라는 생각, 너라는 생각, 좋고 싫고 갈등하고 대립하는 각양각색의 번뇌가 사라집니다. 하나 되는 마음에는 부정적인 생각들이 전혀 끼어들지 못합니다.

부부 골프 친목 모임, 부부는 일심 그리고 동체라 합니다.

땅볼을 쳐도, 탑볼을 쳐도 해저드에 빠져도 OB가 나도 그저 굿샷을 외칩니다.

샷 하나에 하나 되는 마음 작은 골프공 하나에 투명해지는 마음 그래서 나는 골프가 좋습니다.

2019.09.01

부부 골프 친목모임, 샷 하나에 하나 되는 마음.

행복한 걸음, 용봉산 산행

미세먼지가 걷히고 파란 하늘을 보았다.
3월 10일 휴일의 이른 아침, 모처럼 산행을 재촉했다. '용봉산'이라는 그리 높지 않은 산이지만 수금 씨랑 함께하는 산행으로 그 마음은 높고 그 사랑은 깊어질 뿐이었다.
며칠 있으면 생일을 맞이한다. 늘 그랬듯이 사랑이라 말을 하지 않아도 그 마음을 보여주고 읽어주고 가족과 함께 나누고자 한다.
2019년 새봄 또한 맞이했다. 비가 온다던 오늘은 온전한 봄 날씨인 듯싶다.
한해 한해 나이를 먹어가듯이 우리 집 사랑의 바구니에는 깊고 숙성된 포도주가 가득한 것 같다. 우리 아이들로부터 그 맛을 느끼며 더욱 희망의 기대를 갖는다.
행복한 우리 집, 황후 마마 수금 씨, 황태자 준영, 준석이!
나는 한 가정의 왕으로서 폐하로 불리기 전에 행복 지킴이 머슴아로 오늘도 땀을 흘리며 나를 소개한다.

2019.03.10

홍성 용봉산의 부부산행.

UP

댓글 보기

홍보단장 이상호 2019년 3월 10일 오후 09:38 ♥ 좋아요
언제나 행운이 함께 하시길...

이옥분 2019년 3월 10일 오후 10:36 ♥ 좋아요
멋지세요 회장님!!!

샘을찾아서국용호 2019년 3월 10일 오후 11:48 ♥ 좋아요
행복하소서.

이성진(가시꽃을 피운 남자) 2019년 3월 11일 오후 12:38 ♥ 좋아요
홍보단장 이상호
단장님~~ 한 걸음, 한 걸음 걷다 보면
정상은 그리 멀지 않은 곳에 있겠죠.
감사합니다.

이성진(가시꽃을 피운 남자) 2019년 3월 11일 오후 12:39 ♥ 좋아요
이옥분
사무국장님~~ 늘, 변함없는 관심과 애정에 감사를 드립니다.

이성진(가시꽃을 피운 남자) 2019년 3월 11일 오후 12:40 ♥ 좋아요
샘을찾아서국용호
국회장님 ~~
믿음 속에 하나 되길 저도 기도드립니다.

효숙 2019년 3월 13일 오전 11:46 ♥ 좋아요
이성진(가시꽃을 피운 남자) 회장님 사랑꾼이시네요~~^^
항상 건강하세요.

LeeRanee 2019년 5월 24일 오전 06:05 ♥ 좋아요
늘 행복한 모습 보기좋아요..
황후마마 수금씨도 사랑받아서 점점 더 멋있어지는 거 같아요.
최고에요!!

이성진(가시꽃을 피운 남자) 2019년 5월 29일 오후 08:03 ♥ 좋아요
LeeRanee
이 교수님~~ 감사드립니다. ^^

김영삼 대통령 생가를 방문

참으로 바쁜 시간들이었다. 금요일 당진에서 오전 근무를 하고 오후 3시부터 시작되는 '자유총연맹 연말 평가대회' 행사와 15명의 장학생들에게 장학금을 전달하기 위하여 급히 서울로 떠났다.

5분 전, 다행히 행사장에 도착하게 됐다. 많은 인원이 참석한 것 같다.

늦게 도착해서인지 많은 인원이 자리에서 지회장을 기다리고 있었던 것이다.

바쁜 일정에 구청장, 의장님은 식순에 얽매이지 않고 수상자들에게 표창을 하고 있었다. 늘, 봉사로서 재능기부를 해주시는 무지개봉사단의 최기출 단장님, 그리고 '행복한 여자, 사랑의 힘'으로 많은 인기를 받고 있는 최윤정 가수의 노래를 들으면서 행사는 절정에 이르렀다.

9일, 행사에서 축사를 해주신 강동구 지회장의 초대로 1박 2일 골프 여행을 가게 되었다. 토요일 새벽 4시에 집을 나선다. 그리고 약속된 장소에서 8인용 독일 벤츠 차량에 몸을 실었다.

거제도, 통영 여행은 처음인 듯싶다. 거제도 드비치CC의 그림 같은 경관은 그동안 쌓였던 스트레스를 한 번에 씻겨 내리는 듯 그림 붓이 그림을 그리고 있는 듯했다.

거가대교가 시작되는 마을의 한 펜션에 짐을 풀었다. 피곤한 몸을 좀 쉬게 하자. 꿈나라로 잠을 청했다.

이른 새 아침 어둠을 뚫고 다시 드비치CC로 방향을 향했다. 바다를 향하여 끝자락에 위치한 파3, 5번홀 '버디'로 차가운 바닷바람을 빗겨 갈 수 있었다.

거제도 김영삼 대통령의 생가를 찾았다. 어머니가 멸치 장사로 공부시켰다고 한다.

해안을 따라 형성된 통영은 풍부한 해산물 먹거리를 자랑하고 있는 도시이다. 멸치 한 박스를 구입하면서 갑자기 어머니 생각에 눈시울이 붉어졌다. 86세의 어머니와 통화를 했다. 찾아뵌 지가 오래되었기 때문이다.

1박 2일 여행을 마치고 늦은 시간 오후 10시가 돼서야 집에 도착했다.

초대해 주신 강동구 이국순 회장님께 진심으로 감사의 인사를 드린다.

2016.12.13

김영산 대통령 생가방문

쌓였던 스트레스가 한 번에 씻겨 내리는 듯한 드비치CC의 그림같은 경관.

광복절 조찬 기도회

내가 그리스도 안에서 참말을 하고 거짓말을 아니 하노라. 나에게 큰 관심이 있는 것과 마음에 그치지 않는 고통이 있는 것을 내 양심이 성령 안에서 나와 더불어 증언하노니 나의 형제 곧 골육의 친척을 위하여 내 자신이 저주를 받아 그리스도에게서 끊어질지라도 원하는 바노라. (로마서 9장 1절~3절)

영등포구 관내 구청장 국회의원 및 정치계, 종교계 지도자들을 모시고 광복 70주년을 기념하는 조찬 기도회가 있었다.
영은교회 고일호 목사의 인도로 시작된 조찬 기도회는 영신교회 이영무 목사의 기도와 영동교회 최동환 담임목사의 '위대한 소원'이라는 설교로 진행되었다. 또한, 영등포구 구의회 박정자 의장님의 만세 삼창을 비롯 양평동교회 김규 목사님의 축도로 조찬 기도회는 그 막을 내렸다.
어느 날 부르던 애국가 제창보다도 더 숙연한 분위기 속에서 더 감동적인 애국가를 부를 수 있었던 거 같다.
다시금 '자유'의 소중함을 깨닫는 아침이었다.

2015.08.15

포천 몽베르CC의 5월 연휴의 시간

골프 동호회 5월 월례회의가 있었다.
월례회의는 국가대표 베스트 코스로 지정된 포천 몽베르CC에서 라운딩을 가졌다. 이 친선경기를 통하여 회원 상호 간에 우정의 샷을 날리게 되었다.
5월 몽베른CC 주변의 자연경관은 참으로 그림같이 아름다웠다.
그동안 골프 레슨을 해주던 박 프로님과 함께 동행한 월례회의였다. 골프를 통하여 나는 많은 것을 배울 수 있었다. 집중력을 통한 타수의 조정, 그것은 자기 자신과의 싸움이었다.

23일 토요일엔 서원밸리 야외 골프장에서 결혼식이 있었다.
한국자유총연맹 영등포구지회 수석 자문위원장 따님의 결혼식으로 버스 3대가 대절되었다. 영등포의 많은 지인분들을 뵐 수가 있었다. 참으로 존경받는 분이 아닌가 생각한다.

부처님 오신 날, 공휴일이지만 처리할 일이 있어 사무실에 출근했다.
조용한 가운데 견적 및 업무 관련 많은 일을 처리하고 오후 4시에는 아내와 함께 영화 〈간신〉을 보러 갔다. 영화는 연산군 11년(1505년)에 1만의 미녀를 왕에게 바쳐 단 하루에 천년의 쾌락을 누릴 수 있도록 한 '간신'들이 왕위의 왕으로 군림하던 생활상을 그린 영화다. 간신의 최후 죽음을 통하여 진정한 사랑에는 희생이 따른다는 교훈을 배우게 된 것 같다. 사랑하는 님이여.

2015.05.26

GOLF 월례동호회 및 박진우 프로님.

♥ < UP

댓글 보기

남권** 2015년 5월 26일 오전 05:35 ♥ 좋아요
멋지십니다. 회장님!
언제나 좋은 일들만 있으시고 행운가득하세요.
매사에 열정적으로 임하시는 모습에
경의를 표합니다.
화이팅입니다.

YJ토모태린 2015년 5월 26일 오전 10:30 ♥ 좋아요
일상이 매우 행복해 보이셔.
좋아 보이네요~

이성진(가시꽃을 피운 남자) 2015년 5월 26일 오전 10:49 ♥ 좋아요
YK토모양정
별 말씀을요 ~~
웃음을 잃지 않는 그 미소 부러워요.

이성진(가시꽃을 피운 남자) 2015년 5월 26일 오전 10:49 ♥ 좋아요
남이상권
간사님 늘, 감사드려요.
하시는 일 잘 되시죠~~?

내*랑 2015년 6월 10일 오후 10:57 ♥ 좋아요
고운밤 멋진 꿈 꾸어요.

이성진(가시꽃을 피운 남자) 2015년 6월 11일 오전 06:08 ♥ 좋아요
내사랑
덕분에 좋은 꿈 꾸었답니다.

내*랑 2015년 6월 11일 오전 07:43 ♥ 좋아요
좋은 아침 희망을 배달합니다.

이성진(가시꽃을 피운 남자) 2015년 6월 11일 오전 07:46 ♥ 좋아요
내사랑
희망을 잘 받아서
꿈을 잘 키우겠습니다.

집중과 선택

라운딩하기에 썩 좋은 날씨는 아니다. 새해 들어 SKY72, 가평베네스트 2곳을 다녀왔다. 바람, 추위, 집중하기에 환경의 제재가 뒤따른다. 또한 맞바람은 어느 샷을 날려야 할지 선택이 어렵다. 86타, 89타, 선택과 집중은 제대로 되질 않는다.

오염되지 않은 자연의 바람, 틀에 얽매인 사고를 날려버린다. 깨끗한 생각의 도화지 위에 꿈을 다시금 그려본다.

나의 꿈은 변하지 않는다. 변할 수 없는 꿈으로 커온 것일까. 남들이 잘 가질 않는 가시밭길이기에 나의 꿈은 더욱 변할 수가 없다. 그 꿈을 향한 나의 선택과 집중. 그 타수를 한 타, 한 타 줄여 나가야겠다.

2015.02.09

SINGLE을 위한 나의 집중과 선택.

통일시대, 무엇을 어떻게 준비할 것인가

국회 헌정기념관에서 3월 17일 7시 조찬 새누리 포럼이 있었다.
김태원 중앙위의장을 비롯 정우택 최고위원, 정을 몽땅 준 남자, 정몽준 서울시장 후보의 아내(김영명), 김영선 경기도지사 후보, 새누리 포럼관계자 등 300명 이상이 참석하였다.
'통일은 대박'이라는 말처럼 많은 분들이 관심을 가지고 이른 아침 함께한 것이다.
'김정은의 지도력과 장성택 처형 이후 김정은 체제의 안정성 평가' 통일시대를 대비하여 천영우 이사장님의 강연을 1시간 이상 들을 수 있었다.
새누리비전 3월호에 6.4지방선거 출마자들의 인터뷰 기사 중 영등포구청장 예비후보로 기사가 실렸다.
한 발, 한 발 꿈을 위한 가시밭길을 걷고, 또 걸어가야 한다.
그 자리는 내가 똑똑하고 능력이 있다고 하여 스스로 앉을 수 있는 자리가 아니고, 누군가 그 자리에 앉도록 해줘야 앉을 수 있는 자리이다.
오늘도 모르는 그 누군가를 만나러 손을 내밀고 포옹하려 한다.

2014.03.17

새누리당 조찬포럼, 김태원 중앙위의장님과 함께.

댓글 보기

남권** 2014년 3월 17일 오전 09:13 ♥ 좋아요
김태원 의장님과 멋진 포즈 환상적입니다. 선전하시어 꼭 압승하시고 영등포를 최고의 명품도시로 만들어 주십시요. 박사님 화이팅♥♥

홍대유 2014년 3월 17일 오전 10:16 ♥ 좋아요
이박사 많은 사람을 만나며 꼭 좋은 결실 이루길 바라네~~ 오늘도 화이팅.

오세완 2014년 3월 17일 오후 12:12 ♥ 좋아요
함께 하진 못하지만 응원하겠습니다.

잘 깨지는 것

어느 날, 고흐가 창가에 앉아 지나가는 사람들을 보고 있는데, 한 사람이 물건을 포장하는 천으로 만든 옷을 입고 있는 게 보였습니다.
그 사람의 가슴에는 포장용 천으로 사용했던 흔적이 뚜렷이 남아 있었는데 바로 천에 새겨진 글자 때문이었습니다.
'Breakable'(잘 깨짐). 그 문구를 보며 고흐는 자기 무릎을 쳤습니다. "아하! 사람은 깨지기 쉬운 존재로구나!" 그리고 그 사람이 자신의 앞을 지나쳐 멀어져 가는 뒷모습을 다시 보았는데, 그의 등에도 글자가 새겨져 있었습니다.
'Be Careful'(취급 주의). 고흐는 등에 새겨진 글을 보고 다시 한번 무릎을 두드렸습니다. "맞아, 사람은 조심스럽게 다뤄야 하는 거야."
우리 주변에서 가장 잘 깨지는 것은 유리병입니다. 유리병은 쉽게 깨지고 한번 깨지면 못 쓰게 됩니다. 그리고 깨진 조각은 사람을 다치게도 합니다. 그러나 이 유리병보다도 더 약한 것이 있는데, 그것이 사람의 마음입니다. 온도가 조금만 달라져도 깨지고 서운한 말 한마디에 무너져 내리기도 합니다. 그리고 그 상처 입은 마음은 깨진 유리 조각처럼 가까이 있는 사람들에게 상처를 줍니다.
관계는 사람들의 마음이 연결될 때 형성되는 것입니다. 관계도 마음처럼 약하기 때문에 유리병처럼 쉽게 깨지고 상처를 입습니다. 특별히 조심해서 다루지 않으면 한순간에 무너져 버립니다. 절대 깨지지 않는 관계란 없습니다. 모든 관계는 특별한 보호를 통해 관리될 때만 지속될 수 있습니다. 아름다운 관계는 관심과 배려로 만들어지고, 부드러운 관계는 부드러운 미소를 통해 만들어지며, 좋은 관계는 좋은 것이 투자되어야 만들어지는 것입니다.

우리가 사는 이 세상의 문제는 대부분 깨진 관계로 인해 생기는 것들입니다. 개인적인 문제도, 사회적인 문제도 관계 형성의 실패로 인해 생겨납니다. 관계는 저절로 좋아지지 않습니다. 적당한 온도와 관심, 각자의 개성에 어울리는 대접을 통해 성숙하게 됩니다. 한 번 놓치면 떨어져서 깨지는 유리병처럼 조심하지 않으면 쉬이 깨지는 것이 우리들의 관계입니다.

'Breakable', 'Be Careful'

잊지 마세요. 마음도 관계도 잘 깨집니다. 조심하세요.

– 김홍식의 《더 가깝지도 더 멀지도 않게》 중에서

서로 마음 든든한 사람이 되고 때때로 힘겨운 인생의 무게로 하여 속마음마저 막막할 때 우리 서로 위안이 되는 그런 사람이 되었으면 좋겠습니다. 누군가 사랑에는 조건이 따른다지만 우리의 바램은 지극히 작은 것이게 하고 그리하여 더 주고 덜 받음에 섭섭해 말며 문득 스치고 지나는 먼 회상 속에서도 우리 서로 기억마다 반가운 사람이 되었으면 좋겠습니다. 어쩌면 고단한 인생길 먼 길을 가다 어느 날 불현듯 지쳐 쓰러질 것만 같은 시기에 우리 서로 마음 기댈 수 있는 사람이 되고 견디기엔 한 슬픔이 너무 클 때 언제고 부르면 달려올 수 있는 자리에 오랜 약속으로 머물길 기다리며 더없이 간절한 그리움으로 눈 시리도록 바라보고픈 사람, 우리 서로 끝없이 끝없이 기쁜 사람이 되었으면 합니다.

〈그대를 사랑 합니다〉 영화를 보고

오늘은 92주년 3.1절 기념일이면서 휴일로 지정된 날이다. 선열들의 희생이 있었기에 오늘 우리는 사랑을 이야기하며 행복을 나누며 휴식을 취할 수가 있다. 휴일 아침 집에서 가까운 사무실에 들렀다. 내일로 예정된 제주도의 출장을 앞두고 필요한 서류와 제반 준비를 위해서다. 휴일도 열심히 일한다고 내게 쏟는 아내의 사랑은 나를 미안하게 만들었다. 사실 나는 어제 친구와 보기로 했던 영화가 생각나서 〈그대를 사랑합니다〉라는 영화의 티켓을 2매 예매했었다. 내게 늘 희생과 사랑을 아끼지 않았던 아내에게 〈그대를 사랑합니다〉라는 영화를 보러 가자고 했더니 너무나 좋아하는 모습이 나를 더욱 미안하게 만들었다.

60~70대의 할아버지와 할머니의 사랑을 그린 영화다. 사랑이라고 해서 흔히 우리가 생각하고 있는 화려하고 구속하며 감정에 따라 흔들리는 그런 사랑이 아니라 자기를 버리고 희생을 마다하지 않는 제자리에서 사랑받기 위한 욕심이 아니라 사랑을 베풀어가는 희생의 아름다운 삶을 그린 참사랑의 영화가 아닌가 싶다.

사랑하는 아내를 암으로 저세상에 먼저 보내고 오토바이를 몰고 우유배달 일을 하는 만석이 할아버지와 이른 아침부터 늦은 저녁까지 리어카를 몰고 파지를 모아 생계를 유지하는 송씨 할머니와의 만남은 참으로 우연이라기보다는 나보다는 남을 배려하는 만석이 할아버지와 필연적인 만남이 아닐까 생각한다. 160번지 언덕길은 파지를 싣고 리어카를 끌고 오르거나 내려오기에는 송씨 할머니 혼자의 힘으로는 어렵다. 더욱이 눈이 오거나 비가 오는 날이면 그 자리에서 누군가의 도움을 기다려야만 했다. 이렇듯 필연적으로 만나야만 했던 160번지 언덕길에서 만석이 할아버지와 송씨 할머니와의 만남은 계속되면서 두 사람은 보이지 않는 연민의 정으로 사랑이 싹트게 된다.

주민등록증을 만들기 위해서 송이쁜이라는 이름을 작명하게 되고 송씨 할머니의 생일을 알게 되면서 만석이 할아버지는 송씨 할머니의 생일날에 사랑을 고백하게 된다. 마치 내가 사랑하는 사람의 생일날에 고백했던 피카소 113의 그림을 떠 올리듯 지난날이 더욱 또렷이 생각났다. "당신을 사랑합니다"라고 고백을 한다면 먼저 저세상으로 돌아가신 자기 아내에 대한 예의가 아니라며 "그대를 사랑합니다"라고 송씨 할머니에게 사랑을 고백하는 장면은 무분별한 우리네 만남과 사랑에 대하여 경각심을 느끼게 해준다.

치매에 걸린 아내를 극진히 돌보며 사랑을 나누는 부부의 사랑은 장군봉 할아버지의 희생이 돋보이는 사랑이며 끝내 죽음보다도 외로움이 더 견디기 힘든 고통이라며 치매에 걸린 아내와 함께 약을 먹고 동반 저승길로 가야만 했던 장군봉 할아버지의 희생은 값진 사랑이 아닐 수가 없다. 또한 장군봉 할아버지는 친구인 만석이 할아버지에게 약을 먹고 죽음으로써 자식들에게 불효자라는 부담을 주지 말라며 연탄가스 중독으로 사망한 것처럼 해달라고 부탁을 한 것은 부모가 자식에 대한 뜨거운 사랑을 또한 느끼지 않을 수 없었다.
장군봉 할아버지와 만석이 할아버지와의 만남, 두 할아버지는 죽음보다도 힘들다는 외로움을 극복하며 이겨낼 수 있었던 것은 진정한 친구가 있었기 때문이라고 한다.
"길동무가 좋으면 먼 길도 가깝다"하는데 이렇듯 나와 함께할 수 있는 진정한 친구는 내 주위에 몇 명이나 있을까? 다시 한번 생각을 하지 않을 수가 없다.

약 2시간에 걸친 추창민 감독의 〈그대를 사랑합니다〉 영화를 관람하면서 지금도 내 옆자리에서 등 어딘가 가려운 부분을 긁어줄 사랑하는 아내에게 다시 한번 이 말을 전 하고 싶다.
"당신을 사랑합니다."

사랑을 베푸는 〈그대를 사랑합니다〉

마음의 향기

바람 따라 고요히 흔들리며
모든 이에게 아낌없이 향기 나누는 꽃을 바라보면
나눔이란 이토록 아름답고
평화로움이 묻어 나올까 싶습니다.

우리는 남에게 아름답게 보이려 화장을 했을 뿐이지,
아름다운 마음을 가슴으로 나눈 적 있었던가요?

편견과 오해가 가득하여,
가슴에는 날카로운 가시가 있어 말에도 아픔이 묻어나지 않았던가요?
잔잔한 강에 작은 돌 하나 던졌을 뿐인데 얼마나 출렁이던가요?
나는 행복할지 몰라도 그 돌에 맞은 사람은 얼마나 아프겠습니까?
아름다운 향기의 말은 꽃보다 더 아름답고 향기롭습니다.

따뜻한 말 한마디는 밝은 내일의 꿈이요 희망이기에 가슴속에 배려라는 향기를 나눈다면, 얼음장처럼 차가웠던 당신의 마음이 어느 땐가 따뜻한 가슴을 만지며 행복해 할 것입니다.

"오늘도 늦으면 어떻해?"라고 말하려다

"여기까지 오느라고 힘들었겠다!"라고 말해 봅시다.

"또 실수한거야?"라고 말하려다

"그럴수도 있지!"라고 말해 봅시다.

"왜 이렇게 전화를 안 받니?"라고 말하려다

"큰 일이 생긴 것이 아니어서 다행이다!"라고 말해 봅시다.

4장

물음표와 느낌표

한국자유총연맹 영등포구 지회장으로 취임

2014년 12월 1일 오후 3시에 영등포구 구민 아트센터에서 제12대 회장 취임식이 있었다. 약 300여 명의 내, 외빈이 참석하여 많은 격려와 축하를 받으며 이성진 박사는 한국자유총연맹 영등포구 지회장으로 취임을 하게 된 것이다. 4:1의 지원자가 있었다. 지원자 중 시지부, 연맹본부에서 약 3개월간의 엄격한 심사를 거쳐 취임했다.

서울시 25개 구 지회 가운데 가장 우수한 구로 우뚝 서는 것이 이 박사의 역할인 듯싶다. 이 박사를 평가하는 하나의 지표가 되지 않았나 싶다.

자유민주주의 수호 옹호 정신과 경제 및 불우한 이웃에게 다가서는 봉사 정신이 어느 때보다도 더 절실하다. 이성진 박사의 리더십과 그를 따르는 회원분들의 팔로우십이 잘 조화를 이루어 이 박사의 꿈이 현실로 이루어지길 바랄 뿐이다.

2014.12.28

UP

댓글 보기

김성중대성공인 2014년 12월 28일 오후 06:35 ♥ 좋아요
축하합니다~~ 울 멋쟁이 회장님

김춘선헬레나 2014년 12월 28일 오후 08:05 ♥ 좋아요
축하드립니다.~♥ 아름다운 사모님을 뵈어 기뻤어요.
늘 만인의 사랑받는 멋진 회장님 되세요.

코메디언 김종석 선배님 사회로 행사 진행.
(남병희 초등 담임선생님을 비롯 600명의 내외빈 참석)

세계적 인물 칭기즈칸

세계 역사상 가장 넓은 대륙을 점령한 몽골제국의 창업자이자 초대 대칸이다. 1162년 11월 14일 그의 탄신 일이다. 11월 8일 그의 탄신 일을 앞두고 비즈니스 겸 관광차 몽골을 방문하게 되었다.

보르 지긴 테무진, 칭기즈칸의 원래 이름이다. 몽골 수도에 있는 칭기즈칸 공항이 그의 위상을 말해준다. 짧은 몽골에서의 기간에 그의 발자취를 통하여 그의 통치력과 그의 친구 토그릴완 칸과의 협상 능력을 통하여 권력자로 부상하게 된 그의 지도력을 지금 내가 서 있는 칭기즈칸 동상 앞에서 나는 느낄 수가 있었고 배움을 얻을 수 있었다. 그의 어린 시절, 힘들고 어려웠던 시절이 있었기에 오늘날 역사상 가장 성공한 군사, 정치 지도자가 된 것이 아닌가.

2014.11.11

UP

댓글 보기

남권** 2014년 11월 11일 오전 10:44 ♥ 좋아요
칭기즈칸보다 더 멋지세요. 사진 보니 전생에 천하를 호령했을 거 같습니다.
뜻깊은 여행되세요.

소향 김춘선수필가 2014년 11월 11일 오후 12:34 ♥ 좋아요
큰 뜻을 이룰 수 있는 멋진 친구~♥

나그네 2014년 11월 11일 오후 12:49 ♥ 좋아요
멋있구만^^

남** 2014년 11월 11일 오후 05:20 ♥ 좋아요
딱 어울리네.
전통의 복장과 자네가.

몽골 제국의 칭기즈칸 그 위상을 마음에 담다.

광화문의 함성

"기회는 평등하게, 과정은 공정하게, 결과는 정의롭게."
정말, 감동을 주는 대통령 취임사다. 그래서 박수도 보내고 기대도 컸던 것이 아닌가 싶다. 모든 것을 포용한다는 포용의 정치, 지금 눈앞은 그렇지 않다. 국민은 진영의 논리로 둘로 나뉘어 대립하고 있는 상황을 민주주의라는 과정에서 분열된 상황이 아니라고 한다.
정치를 잘 모르는 평범한 시민들도 삼삼오오 광장으로 모여들기 시작했다. 조국 사퇴 불똥이 임명권자인 대통령에게로 목소리가 커졌다.
'대통령 탄핵'이라는 구호를 외치며 궐기를 하는 것이다. 종편 방송 및 유튜브 방송에서 다양한 활동을 벌이고 있는 '정예찬 시사평론가'의 칼날은 예사롭지 않게 날카로웠다. 젊은 사람들의 이 사회를 지켜보는 눈도 남다르지 않다.
서울대, 연·고대 지방 여러 대학생이 힘을 모으고 있다. 그들에게서 희망을 보았고 미래가 나쁘지 않았음을 지켜볼 수 있었다.

오늘, 광화문에서 집회가 있는 날이다. 하지만, 자유한국당 영등포(갑) 당원 단합대회가 있는 날이기도 했다. 동별로 버스 1~2대씩 14대의 버스에는 약 600여 명 당원 동지들이 단합대회의 장소인 칠갑산으로 방향을 정했지만, 마음은 내내 광화문에 가 있었다고 한다.
나라를 사랑하는 마음, 기회가 평등하고 과정이 공정하고 결과가 정의로운 나라를 만들기 위하여 이렇듯 당원 동지들이 뜻과 마음을 모아 단합대회를 성공적으로 끝마치게 되었다.
자유한국당 영등포(갑) 부위원장단 회장으로서 구민의 한 사람으로서 2020년

4월 15일 국회의원 총선에서는 반드시 승리해야 한다.
'강면구 당협위원장', 지금처럼 땀 흘리며 구민 앞에 당당히 일하는 모습, 그 결과는 반드시 정의로울 것입니다. 총선 승리를 위하여 힘내십시오.
오늘 함께해 주신 당원 동지 여러분께 그리고 모든 분께 감사의 글을 남기며 인사드립니다.

2019.10.11

UP

댓글 보기

효숙 2020년 10월 16일 오전 08:22 ♥ 좋아요
회장님 항상 건강하게 화이팅이에요~~^^

이성진(가시꽃을 피운 남자) 2019년 10월 18일 오전 05:48 ♥ 좋아요
효숙
늘, 감사드립니다~~

이순우 2019년 10월 20일 오후 01:04 ♥ 좋아요

이성진(가시꽃을 피운 남자) 2019년 10월 21일 오후 12:21 ♥ 좋아요
이순우
나라를 위한 한결같은 마음 ~~♡

이순우 2019년 10월 21일 오후 12:21 ♥ 좋아요
이성진(가시꽃을 피운 남자) 친구가 애국자입니다.

아름다운 뒷모습을 그리며

그러니까 3년, 정확히 1,100여 일이 지났다. 지난 2014년 12월 5일 〈한국자유총연맹 영등포구지회〉 제12대 지회장으로 취임하고, 12월 12일 '2017년 평가대회 및 장학금 전달식'을 끝으로 퇴임을 하게 되는 오늘이 그렇다.
나의 뒷모습을 그려본다. 아름다운 인간관계에서 인맥人脈이란 내가 얼마나 많은 사람을 알고 있는가가 아니고, 얼마나 많은 사람이 나를 '알고' 있느냐는 것이다. 그것은 얼마나 많은 사람이 나를 인정하고 있느냐는 것으로 인맥이 만들어진다.
인맥人脈은, 내가 얼마나 많은 사람과 소통하느냐가 아니고, 얼마나 많은 사람이 주동적으로 나와 소통하길 원하느냐 하는 것으로 평가를 하고 싶다. 내가 얼마나 많은 사람을 이용하는 지가 아니고, 내가 얼마나 많은 사람을 돕고 있는지가 중요한 것이다.

오늘 영등포구청장을 비롯 많은 외부인사가 자리를 함께 빛내 주었다. 대회사라기보다는 퇴임사를 하게 된 나는 '소통의 가치'에 대하여 아쉬움을 토로하였다.
취임 후 2015년 평가대회는 서울시 25개 구 지회 가운데 장려상을 받았고, 2016년도에는 서울 428개 동 가운데 영등포구 대림3동 분회가 최우수상을 수상했다. 오늘, 2017년 평가대회를 주관하면서 아쉽게도 영등포구는 서울시 25개 구 가운데 우수상을 평가받았다. 좀 더 회원간 '소통'을 나누었다면 하나가 되는 화합을 이루고 임기 동안 최우수 구의 영광을 차지하지 않았을까, 하는 아쉬움뿐이다.

2017년 연말평가대회 및 장학금 수여식.

UP

댓글 보기

이옥분 2017년 12월 27일 오전 10:36 ♥ 좋아요
어머 회장님 퇴임 하시는군요. 정말 너무 많이 애 쓰셨습니다.
그동안의 노고에 모두 진정한 감사를 드려야겠네요
정말 수고 많으셨습니다.

이성진(가시꽃을 피운 남자) 2017년 12월 29일 오후 02:49 ♥ 좋아요
이옥분 그동안 정이 많이 들었나 봐요. 모든게 아쉬워지니 말이에요.
사무국장님의 관심과 배려에 더 잘해드리지 못한 점 아쉬울 뿐입니다.
새해에도 하시는 일 잘 되시길 바랄게요. 감사합니다.

소통이 어렵다고 한다. "트일 소, 통할 통". 소자의 한자 유형을 보면 아기가 엄마의 뱃속에서 거꾸로 나오는 형상이라고 한다. 그만큼 힘들고 어렵고 고통스럽다는 이야기인 것 같다. 소통에는 다섯 가지가 있다고 한다.

첫 번째 통은 매일 매일 건강과 행운이 넘치는 "운수대통"

두 번째 통은 하시는 일마다 막히는 일 없이 "만사형통"

세 번째 통은 닫힌 마음의 문을 열고 배려하는 "의사소통"

네 번째 통은 늘 긍정적으로 웃으며 살자는 "요절복통"

소통 중에 한가지는 가장 쉽게 통할 수 있는 방법이지만, 그것도 게으르며 소홀히 하는 사람이 많다.

마지막 다섯 번째 통은 자주 인사하고 먼저 안부 전화하며 살자는 "전화 한 통"에 관심과 사랑을 전하는 소통의 방법은 가장 쉬우면서도 확실한 방법이 아닐까 생각한다.

그동안 한국자유총연맹 영등포구지회 임원 및 동분회 회원 여러분에게 퇴임하는 나의 뒷모습을 아름답게 그려주고 아름다운 색깔로 거듭 세상에 태어나게 하심을 진심으로 감사드린다. 그동안 함께해 주신 모든 분께도 감사드리며 자주 소통하며 인맥을 나눌 것이다.

2017.12.15

선거의 늪에서

제7회 지방자치 선거가 끝난 지 30여 일이 지나가고 있다. 참으로 긴긴 터널을 빠져나온 듯한 홀가분한 마음으로 아침을 맞이한다.
자유한국당 (기호 2번)의 공천을 받고 선거를 치르게 되었지만, 2011년 일본 미야기현 센다이 해역에서의 지진과 쓰나미로 약 2만 8천여 명의 사상자가 발생하였듯이 6월 13일에 치러진 지방자치 선거의 결과 자유한국당 후보자들에게 많은 사상자를 남긴 것도 다를 바 없는 것 같다. 자유한국당 홍준표 당 대표의 언행을 문제 삼은 유권자들은 마음의 빈축을 샀고, 당원들과의 불협화음으로 내부 지진이 있었던 것도 사실이다. 또한, 문재인 대통령과 김정은 위원장의 판문점선언이 선거에 영향을 미치면서 마치 쓰나미를 연상케 하듯 선거 하루 전 6.12 싱가포르 북미회담은 6.13 지방선거를 파란 물결로 전국을 물들였다.

마치 묻지 마, 1번으로 초토화 돼 버린 선거 결과를 보고 망연자실 순간 넋을 놓아 버렸다. 실패의 원인을 모두 그렇게 생각한다. 나는 약 24%의 득표를 얻었지만, 실패한 원인을 다른 곳에서 찾고 싶다. 처음부터 나는 나의 상대가 적이 아니라 적은 바로 나 자신이라는 점을 상기해왔다. 경험과 능력의 부족함에 그 원인이 있다고 생각한다. 누구를 또한, 무엇을 탓하겠는가? 중요한 건 나에게도 내일이 있다는 것이다.

그동안 지지해주고 응원해주신 유권자 여러분의 사랑, 잊지 않겠습니다. 또한 가까이에서 힘이 되어주신 〈희망 캠프〉 선거운동원 여러분께도 감사드립니다. 끝으로 선거를 위하여 100여 일 남짓 천군만마가 되어준 나의 별, 나의 꿈, 나의 희망, 나의 사랑, 수금 씨 정말 사랑합니다.

2018.07.12

UP

댓글 보기

이옥분 2018년 7월 12일 오후 01:50 ♥ 좋아요
힘내세요~~좋은 날 올 겁니다.
상처는 아문 뒤 새살이 돋듯
다 같이 기대와 희망으로 가셔야겠지요.
항상 응원해 드립니다.

김인자 2018년 7월 12일 오후 04:23 ♥ 좋아요
메마른 흙 속에서 한 사람이 황금을 캐냈습니다.
그 힘이 지금의 자리를 있게 했겠지만 저에게는 너무도 감격스럽고
다시 한번 존경스럽습니다.
(가시꽃을 피운 남자)의 책을 읽지 않고서는 이성진 박사님의 모습에서
메마른 흙 속에서 생활하셨다고 믿겠습니까?
저도 믿지 않았습니다.
흙 속에서의 갈증을 해소 시켜주시는 배우자님께서 더 큰 1등 공신 아닐는지요?
지금은 이 메마른 흙 속에서는 늘 촉촉하게 멀리서도 느낄 수 있는 향기를
자아내고 있습니다. 고생하셨습니다.
고인 물 힘차게 다시 흐르게 물레방아를 😁 ~~~

한상종 2018년 7월 12일 오후 08:37 ♥ 좋아요
친구야!
우린 아직 젊어요.
칠전팔기
끝까지 최선을 다해 재도전해 봄세~
그러려면 건강 잃지 마시고 건강 잘 지키세나.

박영아 2018년 11월 25일 오후 08:17 ♥ 좋아요
이제 보네. 친구야. 고생하고 애썼구나.
다음 기회에 좋은 결과를 만들길 기도할게.
젊잖아. 인생은 60부터라는 말도 있듯이.

제7회 지방자치선거 경험을 맛보다.

시민안전의식 캠페인 운동

각 분야의 기초질서 수준을 보면 그 나라가 선진국 대열의 민주시민 의식을 가지고 있는지 알 수가 있다고 한다.
토요일 주말, 장마철이지만 잠깐 멈춘 빗줄기를 피해 아침 10시에 안전의식 제고를 위한 캠페인을 주최했다.
자유총연맹 영등포구지회의 지회장을 맡고 있는 나는 가끔은 힘들어하는 나 자신에게 행사를 주최할 때마다 부끄러움을 느끼곤 한다.

1. 걸으면서 스마트폰 통화 또는 보지 않기
2. 걸으면서 담배 피우지 않기(지정된 장소에서만~)
3. 오토바이 인도로 운행하지 않기

주위에서 위험한 경우의 일들을 목격하고 체험을 하게 된다. 나부터, 우리부터, 그리고 모두가 함께했으면 하는 캠페인이다.
아이들의 교육을 위하고 바른생활, 교육의 장으로 모두 캠페인 장소에 참석한 가족이 많았다. 나는 인사말에서도 내 집, 우리 동네, 우리나라가 안전의식 속에 민주시민으로서 성숙되어지길 바란다고 했다.
주말 휴일 아침, 함께 행사에 참여해준 모든 분들께 다시 한번 감사의 인사를 드리며 오늘도 안전하고 평안한 하루를 보내기를 바랄 뿐이다.

2017.07.08

안전의식제고를 위한 안전문화운동 캠페인 행사.

UP

댓글 보기

김영로 2017년 7월 8일 오후 09:35 ♥ 좋아요
수고했습니다.

쩡미park 2017년 7월 8일 오후 09:39 ♥ 좋아요
지회장님 수고 많으셨어요.

박현우 2017년 7월 9일 오전 12:10 ♥ 좋아요
수고하셨습니다!

이성진(가시꽃을 피운 남자) 2017년 7월 9일 오전 08:56 ♥ 1 좋아요
김영로, 쩡미park, 박현우
기본이 바로서는 나라~~
이것이 나라다운 나라가 아닌지요.
관심에 감사드립니다.

김*태 2017년 7월 10일 오후 06:03 ♥ 좋아요
이사장님!
무더운 여름 잘 지내고 계시죠.

이성진(가시꽃을 피운 남자) 2017년 7월 10일 오후 08:14 ♥ 1 좋아요
김관태
본부장님~~ 고맙습니다.
덕분에 잘 지내고 있습니다.
기회 되면 함 찾아 뵐께요.

라향기** 2017년 7월 11일 오후 03:43 ♥ 좋아요
바쁜 와중에도 멋진 일을 하네. 친구!!

이성진(가시꽃을 피운 남자) 2017년 7월 11일 오후 06:53 ♥ 1 좋아요
윤미숙
윤박사~~ 고마워

라향기** 2017년 7월 11일 오후 06:54 ♥ 좋아요
이성진(가시꽃을 피운 남자)
ㅋㅋ 아직 박사 아님. 금요일에 프로포절함.
ㅠㅠ 기도해줘~

자유 민주시민 함양 강연 및 다짐 대회

한국자유총연맹 영등포구지회장으로 취임을 한 지 1주년이 되는 날이다. 서울시지부의 평가라기보다는 그동안 내가 영등포구 지회를 얼마나 잘 이끌어왔는가 평가를 받는 행사이기도 하다.

최우수 마포구, 우수 동대문구, 그다음 장려상으로 영등포구가 호명되었다. 25개 서울지회 가운데 비록 장려상이지만 시상을 받게 되었다. 그 자리에는 행사 인원 약 2,000여 명 가운데 100여 명의 영등포구 지회 회원들이 자리를 함께했다.

"회장님, 서울시 25개구 가운데 영등포구가 시상을 받게 될지 미처 몰랐어요. 그래서 꽃다발도 준비 못 했네요. 죄송해요."

양평1동 동분회 회장님의 인사가 그랬듯이 지회 회원들 모두 안타까워했다.

치사를 해주신 허준영 총재님은 12월 8일 영등포구 평가대회에 참석 자리를 빛내 주겠다는 약속을 해주셨다.

지난 1년 악조건에서 지회를 이끌어 온 것도 사실이다. 지원금 또한 서울 25개 지회 가운데 최하위의 지원금을 받은 것도 사실이다. 지회 조직은 와해된 상태였고 구청으로부터 신뢰받지 못한 것도 사실이다.

첫걸음이지만 오늘 시상은 자축하고도 남을 일이다. 이 자리를 빌려 영등포구 지회 회원님들에게 고마움과 감사의 마음을 전하고 싶다.

2015.12.02

자유 민주시민 함양 강연 및 다짐 대회에서 영등포구지회는 장려상을 받았다.

♥ < UP

댓글 보기

홍대유 2015년 12월 2일 오전 10:14 ♥ 좋아요
축하하네^^
앞으로 쭈~욱 영등포지회가
발전하길 바랍니다^^

이성진(가시꽃을 피운 남자) 2015년 12월 2일 오전 10:16 ♥ 좋아요
홍대유
홍회장님 ~~
늘, 관심과 베푸신 사랑에 감사드립니다.

오서진 교수 2015년 12월 2일 오전 10:18 ♥ 좋아요
홍대유, 이성진(가시꽃을 피운 남자) 훌륭한 벗들 좋으네~^^♡

서울중앙방송 2015년 12월 2일 오전 10:41 ♥ 좋아요
큰 행사 하셨네요. 불러주셨으면 찾아뵈었을 텐데. ^^

박현우 2015년 12월 2일 오전 11:12 ♥ 좋아요
이성진(가시꽃을 피운 남자) 멋지십니다!

이성진(가시꽃을 피운 남자) 2015년 12월 3일 오후 08:08 ♥ 좋아요
서울중앙방송
퇴원하셨나요~?

이성진(가시꽃을 피운 남자) 2015년 12월 3일 오후 08:08 ♥ 좋아요
박현우
아우님 잘 지내시죠~~?

서울중앙방송 2015년 12월 3일 오후 08:10 ♥ 좋아요
이성진(가시꽃을 피운 남자) 넵. 걱정해주셔서 감사드립니다.^^

한국자유총연맹 영등포구지회 야유회

지난 5월 17일 영등포구 18개 동 가운데 영등포본동 동분회 협의회원 30여 분은 충남 태안군 안면도로 단합대회를 떠났다.

버스에 동행 탑승하지 못하고 150km 멀리 떨어진 안면도 행선지로 자가 운전하며 길을 나섰다.

멀고 외로운 길을 동행 함께해 준 이가 있었다. 오며 가며 말동무에 불편함이 없이 내 곁을 수행해준 그 사람이 고마울 뿐이다.

지회장 취임 후 단합대회 성격의 야유회를 처음으로 참석하게 되었다. 18개 동 동별 행사에 참석함으로써 회원들 간의 사기진작 및 단합을 위해 도움이 될 수 있다면 바쁜 일정을 쪼개서라도 함께 할 것이다.

안면도에는 새로운 명소가 탄생했다고 한다. 니드로니항과 뱃사장을 잇는 인도교는 특히 야밤 LED 조명 불빛이 검은 도화지 위에 여러 가지의 그림을 그리듯 장관이 아닐 수 없다고 한다.

장주원 영등포본동 위원장님과 윤금하 여성 회장님께 힘내시라고 격려의 박수를 보낸다.

2015.05.19

회원들 간의 사기진작 및 단합을 위한 영등포구지회 야유회.

소중한 당신, 허준영 총재 취임

지난 3월 24일 한국자유총연맹 제15대 총재로 전, 대한민국 경찰청장을 역임하시고, 코레일 사장을 역임하신 허준영 총재님이 취임하시게 되었다.
약 2,000여 명의 내·외 축하객들은 허 총재님의 첫출발을 뜨겁게 축하해 주었다.
영등포구 지회장으로서 나는 버스 1대를 동원 회원 40여 명을 태우고 행사장을 찾게 되었다. 남달리 영등포구는 제2의 고향이라며 애착을 보이시는 총재님의 배려에 영등포구 회원들은 기념사진을 찍기도 했다. 서울시 25개 구 지회 가운데 최우수구 영등포구를 위하여 오늘도 최선을 다한다.

2015.03.31

제15대 한국자유총연맹 허준영 총재.

제15대 한국자유총연맹 허준영 총재 취임식.

국제라이온스 354-D지구 기념식

"나눔의 실천(Fulfilling the of Sharing)"

"겸손과 소통(Modesty and Communication)"

영등포의 큰 행사였다. 약 1,200여 명의 많은 내외인사가 함께 자리한 것이다. 영등포클럽 정륜구 회장(함께한 사진)의 초청으로 함께하게 된 뜻깊은 자리에서 많은 분들을 만날 수 있었고, 많은 견문을 보고 듣고 배울 수 있었던 그런 자리였다.

"우리는 봉사한다(We Serve)."

봉사와 사랑의 정신, 그리고 나눔과 겸손, 소통의 장이 바로 Lions Club이다. 일본, 대만, 홍콩, 미국, 각국의 회원들이 축하객으로 함께한 것이 또한 행사의 규모를 짐작하게 한다.

그동안 영등포라이온스를 이끌어오신 전임 유태전 박사와 신임 정륜구 회장에게 아낌없는 축하와 격려의 박수를 보낸다.

2015.03.22

제15대 한국자유총연맹 허준영 총재 취임식.

We Serve Lions Club 영등포클럽 정륜구 회장님과 함께.

한국자유총연맹 총재 선거의 날

국민통합, 자유 통일, 세대 통일을 지향하는 한국자유총연맹 제15대 중앙회장 선거가 있었다. 25일 10시 전국 시군구 지회장, 지부장을 비롯한 본부 임원을 중심으로 454명의 대의원 가운데 371명이 투표 명부에 등록을 마쳤다. 후보 출마 5명 가운데 기호 3번 현, 윤상현 후보는 지난 2월 17일 후보를 사퇴했다.

기호 1, 이동복 후보 전, 국회의원
기호 2, 허준영 후보 전, 서울경찰청장
기호 4, 최승우 후보 전, 예산군수
기호 5, 이오장 후보 전, 자총서울시지부장

나는 영등포구 지회장으로서 대의원의 한사람으로서, 또한 기호 2 허준영 후보의 선거 참관인으로서 이번 15대 중앙회장 선거를 참가하게 되었다. 결과를 보게 되면, 1위는 허준영 후보 181표(48.8%) 득표로 당선이 확정되었고 2위는 149표를 얻은 이동복 후보 3위는 27표를 얻은 이오장 후보, 4위는 13표를 얻은 최승우 후보가 표를 얻었다.

제15대 한국자유총연맹 중앙회장에는 허준영 후보가 당선됨으로서 선거는 끝이 났다. 많은 동료로부터 수고와 노력에 찬사를 받으며 또한 당선인으로부터 "애쓰셨습니다, 감사합니다"라는 인사를 받았다. 다시 한번 서울시 25개 구 지회 가운데 영등포구지회가 선두 자리에 우뚝 설 수 있는 기회의 장이 펼쳐진 것이다.

포기하지 않고, 최선을 다한다면 꿈을 이루는데 한 발짝 더 다가가는 계기가 될 것이다.

2015.02.27

제15대 중앙회장 선거 정기총회.

♥ < UP

댓글 보기

안호원 2015년 2월 27일 오전 05:42 ♥ 좋아요
기어이 많은 아픔과 시련, 낙선의 상처를 이기고, 승리의 잔을 드셨네요.
울 이 박사께서 허 전 청장을 지지하는 분인지 몰랐습니다.
다 훌륭하신 분들이지만 이 단체는 여 다른 단체와는 달리 국가 안보를 중시하는 단체임을 감안, 이 나라가 굳건한 안보체제에서 자유를 누리도록 하는 단체가 되기를 기원합니다. 작금의 시간에서도 국회까지 종북세력, 좌파 분자들이 날뛰고 있는 안타까운 실정입니다.
25일 국회에서도 통진당 해체를 판결한 대법원에 대해 국가를 망하게 하는 단체라고 큰 소리로 막말을 한 자가 있어 놀라움을 금치 못했습니다.
세상에 너무 기가 막혀서, 도무지 이해가 안 됩니다.
통진당이 어떤 당이었나요? 정말 국가를 망하게 하는 당인데...
그리고 그런 막말을 하는 그 의원은? 무서워요.

오서진 교수 2015년 2월 27일 오전 07:40 ♥ 좋아요
승승장구하시길 응원해 드립니다.

이성진(가시꽃을 피운 남자) 2015년 2월 27일 오전 08:03 ♥ 좋아요
안호원
박사님 교수님 목사님
문학시인님 가까이에서 이렇듯 힘을 보내주시니 힘이 나네요.

이성진(가시꽃을 피운 남자) 2015년 2월 27일 오전 08:03 ♥ 좋아요
오서진
동문 친구님 응원에 감사드려요.
모든 일에 함께 할 수 있기를~~^^

오서진 교수 2015년 2월 27일 오전 08:05 ♥ 좋아요
이성진(가시꽃을 피운 남자) 네. 함 뵈어요.^^

김성중대성공인 2015년 2월 27일 오전 11:58 ♥ 좋아요
좋은 모습 감동입니다. 홧팅!

이성진(가시꽃을 피운 남자) 2015년 2월 27일 오후 12:00 ♥ 좋아요
김성중시온성탁구
네~~ 홧팅!

조선 명탐정 이야기

조선 정조 19년 조선 전역에 불량 은괴가 유통되고 있다는 소식과 노비의 딸로서 동생 도해를 찾아달라는 다해의 의뢰를 접하고 동시 두 사건의 해결을 위하여 나선 조선 제일의 명탐정 김민과 서필.

노비의 딸 다해의 꿈은 없다. 아니 노비로서 삶의 꿈을 꿀 수가 없다. 그러나 도해는 꽃이 되는 것이 꿈이라고 한다. 잡초처럼 뽑히지도 않고, 잔디처럼 밟히지도 않고, 누구에게나 예쁘게 사랑받을 수 있으니 꽃이 되고 싶다고 한다. 명탐정 김민은 도해에게 이런 말을 건네면서 영화는 끝이 난다. 도해야 꽃은 꽃이고 사람은 사람으로서 그 가치는 소중하고 귀한 것이란다. 사람으로서 소중하고 귀한 노비의 딸 도해를 목숨 걸고 불량 은괴 공장에서 구해낸 명탐정 김민과 서필의 활약에 감동 받고 박수를 보내지 않을 수 없다.

설 연휴 함께하며 늘 가정을 위하고 나의 꿈을 존중하며 고락을 참고 웃음을 잃지 않는 아내에게도 또한, 박수를 보내지 않을 수 없다.

2015.02.21

영화보러 가는 날, 영등포 타임스퀘어 인파.

신혜정 피아노 Liszt와 함께

신혜정은 서울예고를 졸업하고 서울대 음대 미국에서 석사, 박사 학위를 받은 피아니스트로 영등포 지성병원 및 사랑요양병원 원장님으로 계시는 문 박사님의 자제분이다. '북한 어린이 돕기' 성금 모금을 위한 연주회로 문 박사님의 초대로 사랑하는 아내와 함께 참석하게 되었다.
공연이 끝나고 간단한 회식을 하기에 앞서 김정주 환경분과위원장 김원국 회장님, 함께한 분들과 김치~. 연일 계속되는 폭염 속에 Liszt와 함께 떠나는 순례 여행은 정말 시원하고 추억이 담긴 여행으로 기억하고자 한다.

2013.08.11

신혜정 피아노 Liszt와 함께 떠나는 음악여행.

인성교육 세미나

지난 6월 20일 사단법인 대한민국가족지킴이에서 주관했던 '융복합문화 인성교육 토론회'에 참석하여 '환경의 이해와, 환경을 지키는 바른 인성교육'이라는 주제로 토론 한 바 있다.

또한 지난 6월 8일부터 '팟빵(Eduncast.com)'이라는 인터넷 방송국에서 첫 방송을 시작하여 월~금 매일 오후 1시에 '가시꽃을 피운 남자 이성진입니다'가 방송되고 있다.

이렇듯 시작된 인성교육에 대한 노력을 평가 받은 것일까.

뉴스에듀신문사 주최 '2015 대한민국 인성교육대상 조직위원회'로부터 시상을 받게 되었다.

교육그룹 더필더, 화랑인성교육연구소에서 주관하고 사단법인 한국언론사협회를 비롯 30여 개 단체에서 후원을 하였다.

박홍근 국회의원을 비롯 6분의 국회의원과 이상면 전) 서울시 교육감 후보, 방송인 가수 김태원 등 여러분이 수상의 영광을 안았다.

이날 행사장까지 찾아주고 축하의 꽃다발을 전해준 아내에게도 고마움과 감사의 마음을 남긴다.

2015.07.18

팟빵(Eduncast.com) 인터넷 방송을 통한 인성교육 대상.

♥ < UP

댓글 보기

오서진 박사 2015년 7월 18일 오후 09:27 ♥ 좋아요
축하합니다~^^

신범영 2015년 7월 18일 오후 09:28 ♥ 좋아요
이교수님. 훌륭한 상 수상 축하합니다~

안호원 2015년 7월 18일 오후 09:53 ♥ 좋아요
뒤늦었지만 영예로운 수상을 진심으로 축하드립니다.
하시는 모든 사업이 더욱 더
번창하셔서 베푸는 삶을 사시기 바랍니다.

정은영(윤원 · 진아맘) 2015년 7월 18일 오후 10:31 ♥ 좋아요
선배님 잘 모르겠지만 큰상 받으신 거 같네요.
너무너무 축하드려요.

나는야 행복한 사람 2015년 7월 18일 오후 10:37 ♥ 좋아요
이성진(가시꽃을 피운 남자) 수상 축하드려요~^^

이순우 2015년 7월 20일 오전 10:13 ♥ 좋아요
친구 축해해.

오세완 2015년 7월 20일 오전 10:27 ♥ 좋아요
방송 잘 들었습니다.

문경숙文世羅세라문 2015년 10월 20일 오후 09:58 ♥ 좋아요
축하드려욤~^♡

오광석 2017년 7월 23일 오후 09:29 ♥ 좋아요
축하드립니다.

김*언 2018년 8월 6일 오후 10:01 ♥ 좋아요
최고입니다.

사랑과 감사가 가득한 날

벚꽃이 활짝 피었습니다. 개나리도 예쁘게 피었습니다.
4월 4일 기지개를 켜고 만물이 소생하는 그런 날, 사랑과 감사가 가득한 날, 우리는 여행을 떠나게 되었습니다.
'자연보호, 안전의식 제고를 위한 등반대회' 그리고 '영등포 희망산악회 시산제'를 병행하여 약 90여 명의 회원이 버스 2대로 문경새재 대야산 용추계곡 불한티 펜션으로 봄맞이 여행을 다녀왔습니다. 한국자유총연맹 허준영 총재님 그리고 시지부 전행준 부회장 등 많은 분이 이른 아침 여행을 떠나는 일행을 배웅해 주셨습니다. 침체한 한국자유총연맹 영등포구지회의 발전을 위하여 애쓰시는 분들을 위하여 격려와 위로를 전달하기 위하여 방문하신 내, 외 관계자 여러분께 다시 한번 감사의 글을 남깁니다.
대한민국 가족 지킴이 오서진 이사장님, 사단법인 통일미래연대 최현준 대표님, 한 분, 한 분 귀하신 분들이 함께하여 주심에 자리가 빛났던 하루였습니다. 정말로 사랑과 감사가 가득한 봄날이었습니다.

2015.04.07

한국자유총연맹 영등포구지회 임직원 등반대회.

8.15 광복절 독도를 가다

35~37℃의 계속되는 무더위 속에 떠난 여름휴가였다.
바쁜 업무 일정에 8월 13일~15일 2박 3일의 휴일 연휴 기간에 떠난 여행이라 참으로 뜻있고 보람 있는 시간이었다.
처음으로 찾은 독도 방문이다. 경상북도 울릉군 울릉도동 1번지, 뱃길 따라 87K, 900인승 쾌속선이 울릉도 사동항구로부터 1시간 40분 거리의 위치에 있다.
첫날, 강릉 묵호로부터 3시간 30분 약 900인승 대형 유람선으로부터 울릉도에 도착한 후 천혜의 섬 내부 관광을 시작했다.
울릉도 호박엿, 호박 막걸리, 호박 식혜, 호박 초콜릿, 울릉도 오징어 내장탕, 울릉도에서 생산되는 나물들, 먹거리 또한 최고였다.
8.15 광복절에 즈음하여 평소 내조를 아끼지 않는 사랑하는 아내와 함께 뜻있고 보람된 여행을 마무리하게 되었다.

2016.08.14

8.15 광복절 독도 방문. 소중한 우리나라 땅!

청와대 방문

1972년 7월 4일 박정희 대통령이 이산가족 상봉을 제안하면서 민족 자주적, 평화적, 민족대단결의 '조국 통일 3대 원칙'을 남북한 당사자 간의 최초 합의를 이루어낸 지 44주년이 되는 날이다.

박정희 대통령의 대를 이어 박근혜 대통령은 오늘 통일의 선봉대에서 자주 수호 경제의 발전에 앞장서고 있는 3,500,000만 한국자유총연맹의 회원을 대표하여 전국 시·군·구 회장단을 청와대로 초청 오찬을 함께하게 된 것이다.

한국자유총연맹 62주년을 기념하고 회원들의 사기 앙양을 위하고 격려차 초청이 이루어진 것으로 알고 있다.

탈북 성악가 한서희 씨를 비롯 영등포구 지역에서 지역의 경제발전에 힘을 쏟고 계시는 신지윤 본부 부회장님을 비롯 약 2백5십여 분이 자리를 함께하며 화기애애한 시간을 보냈다.

청와대 뜰을 벗어나니 장맛비가 내리기 시작했다.

한 주를 시작하는 월요일, 그렇게 7월의 첫 주는 시작 된다.

2016.07.04

2016년 청와대 방문기념.

호국의 달 6.25 바로알기

호국의 달 6.25 바로알기, 책자 무료 배포

- 일시 : 2015. 6. 20(월) 10:00~
- 장소 : 영등포역 출, 입구
- 참석인원 : 한국자유총연맹 영등포구지회 회원 30여 명
- 책자 : 450여 권 무료 배포

함께해준 회원여러분 감사합니다.

2016.06.20

UP

댓글 보기

오서진 박사 2016년 6월 20일 오후 07:54 ♥ 좋아요
20일이여요.^^

이성진(가시꽃을 피운 남자) 2016년 6월 20일 오후 08:04 ♥ 좋아요
오서진
무엇이~~ 20일 맞는데~~

오서진 박사 2016년 6월 20일 오후 08:05 ♥ 좋아요
이성진(가시꽃을 피운 남자) 네. 수정하셨군요. ㅎ

이성진(가시꽃을 피운 남자) 2016년 6월 20일 오후 08:08 ♥ 좋아요
오서진
고마워~~ ㅋ

강순길 2016년 6월 21일 오후 08:50 ♥ 좋아요
안녕하세요? 감사합니다. 항상 고맙고 미안하고 감사합니다.
수고하셨습니다. 영등포 본동 자치위원회 강순길 드림. 감사합니다.
사랑합니다.

한국자유총연맹 영등포지회, 6.25 바로알기 책자 무료 배포 행사.

6월 보훈의 달, 영등포 현충시설은

보훈의 달인 유월이 가기 전에 우리 지역 내에 있는 현충 시설을 다시금 새겨보는 것은 6.25를 상기하는 것만큼 의미가 깊다 할 것이다. 얼마 전 단체 카톡에서 누군가가 우리 구 내에 있는 현충 시설을 물어보는 퀴즈를 냈는데 그래도 이 리스트를 현실의 삶에서 본 바가 있어 틀리지 않고 답을 했다.

1. 반공 순국 용사 위령탑 : 신길역 2번 출구
2. 한강 방어 백골부대 전적비 : 여의도 한강공원 내
3. 맥아더 사령관 한강 방어 시찰지 : 영등포 공원 내
4. 이탈리아 의무부대 6.25 전쟁 참전 기념비~우신초등학교 내
5. 경찰 혼 : 영등포 경찰서 내

우리 자신은 물론 자라나는 어린 세대들에게도 가르치고 물려줘야 할 시설이니 잘 보존하고 기려야겠다.

2021.06.22

UP

댓글 보기

캠프라인 2021년 6월 24일 오전 07:32 ♥ 좋아요
좋은 정보 감사합니다. 한 번 둘러봐야겠네요.
보훈의 달 유월 6,25에 즈음하여
숱한 젊음의 희생 아닌 것이 없는
순연한 청춘들의 부토 위에 살면서도
아직껏 호국의 영령 앞에
민주요, 정의요, 평화요, 떠들면서
평화의 깃발 한번 바쳐보지 못한
저주받을 못난 이웃들이여,
제발 그대만은 비목을 부르지 말아다오.
죽은 놈만 억울하다고
포연에 휩싸여간 젊은 영령들이
진노하기 전에.
[우리 강산]

이성진(가시꽃을 피운 남자) 2021년 6월 24일 오전 07:49 ♥ 좋아요
우리강산
아름다운 우리 강산 ~~
감사합니다.

캠프라인 2021년 6월 24일 오전 08:05 ♥ 좋아요
감사합니다.
짙푸른 6월의 산하에 비통함이 흐르고
아직도 전장의 폐허 속에서 젊음을
불사른 한 많은 백골들이
긴 밤을 오열하고 있다는
엄연한 사실을 망각하고 있는 사람들,
겉으로는 호국영령을 외쳐대면서도
속으로는 사리사욕에만 눈이 먼
가련한 사람들
우리 젊은 청년들을 무참히
학살하고도 반성이 없는
무지랭이들한테 굽신거리는
인생들아.
너희들은 비목을 부르지 말고
북한에 가서 졸개 노릇 하면서 살아라.

강원 인제 평화통일 기원제

민주평화통일협의회 영등포구 협의회는 영등포구 18개 동 버스 18대 약 750여 명으로 평화통일 기원제를 올리기 위하여 아침 7시 30분 강원도 인제로 떠났다.
소양강 상류 그동안의 가뭄으로 수원지가 바닥이 드러났다. 비가 내리길 바라는 "용소"의 제를 올려야 되지 않을까 싶다.
소양강 제3 둘레길에서 바라보는 소양호의 원수지 바닥은 참으로 심각하게 속살을 드러냈다. 약 2시간에 걸친 둘레길 산책은 정말 좋았다.
인제종합운동장을 종착으로 트레킹을 한 사람들은 12시 30분 제시간에 하산하여 점심을 먹게 되었다.
곤드레밥에 나물 종류의 찬은 허기진 배를 채우기 부족함이 없었다.
강원 인제 군수 및 한기호 지역 국회의원 민통사무처장, 동대문 성동구 민통 협의회장 등 외빈 인사들이 함께 통일기원제에 참석을 했고, 주중대사를 역임한 권영세 전 대사님 그리고 박선규 전 문화관광부 차관님도 자리를 빛내주시기 위하여 함께 하셨다.
참으로 이번 민통 영등포구 통일기원제의 의전행사에 문제가 있었슴을 토로한다.
영등포구 협의회장은 유일하게 헌법 92조에 명시된 민주통일협의회는 32년 된 오래된 유일한 관변 단체라고 소개했다. 물론 사 단체와 직릉 단체와는 다르다는 것을 강조한 것으로 관변 단체는 그만큼 중요한 단체임을 덧붙인 말이다.
내 옆자리에는 영등포구 구의원님이 자리를 함께했다.

구의원님은 지금 사회를 보고 있는 간사님의 행사 의전에 대한 문제점을 지적하며 기분 언짢다는 표현에 나는 이해가 간다. 나 또한 똑같은 생각에서 나의 생각과 느낀 점을 구의원님과 이야기를 나눌 수가 있었다.

'나'라는 개인의 서운함보다는 내가 회장직을 맡고 있는 한국자유총연맹 영등포구지회에 대한 관변 단체의 소개를 외면하는 민통 사회자의 의전행사에 대한 잘못된 부분을 서로 공감하며 이야기를 나누게 되었다.

1954년 반공연맹으로 시작된 '자총(한국자유총연맹)'은 올해로 61년 된 헌법에 명시된 가장 오래된 단체임을 사회자가 모르고 있었기에 있을 수 있는 일이라고 생각하고 싶다.

사회를 주관하시는 분이 아마도 관변 단체를 마냥 직능 단체로만 생각하고 가볍게 생각하지 않았을까 하는 생각도 해본다.

강원 인제 소양강 상류전경.

그래도 직접 내빈 소개를 부탁하였음에도 거절한 이유에 대해서 궁금해 하지 않을 수가 없다. 사회자 개인의 판단일까. 정치적인 면, 아니면 또 다른 이유가 있는 것일까?

내 옆자리에 계시던 구의원님은 20명도 안 되는 내·외빈을 소개하면서 왜 구의원님들을 개별 소개를 하지 않고 일괄적으로 단체 세워놓고 소개를 한 부분에 대한 의전에 문제를 내게 이야기를 한 것은 나도 동감하지 않을 수 없다. 또한 현직도 아니고 전직 시의원, 전직 구의원을 개별 소개를 하면서 여섯 분 정도의 현직 구의원을 세워 놓고 일괄 소개를 한 부분과 또한 현직 관변단체장은 행사장에 많지 않았음에도 소개를 거부한 부분은 도저히 이해가 가지를 않는다. 소개를 잊을 수 있고 빠트릴 수도 있는 일이지만 이번 민통의 관계자는 소개를 거절, 거부한 것이다.

한국자유총연맹 영등포구지회장으로서 직접 찾아가 부탁을 했지만 거절했고, 또한 자총 여의도동 동분회 회장을 통해 또 한 번 소개를 부탁하였음에도 거부를 당한 것이다.

금번 평통의 행사를 지켜보며 나는 자총 행사에 대하여 꼼꼼히 점검해 보지 않을 수가 없다.

먼 거리, 늦은 시간 8시쯤 서울에 도착했다. 피곤했지만 통일을 앞당기는 지름길을 함께 가고 있다고 생각하니 보람되고 뜻있는 하루를 보낼 수 있었다.

민주통일 영등포구협의회 관계자 여러분 고생 많으셨습니다.

감사합니다.

2015.12.05

평화통일 기원제 등반대회.

〈군함도〉 관람 후기

2017년 여름, 〈군함도〉의 뜨거운 이야기가 시작된다.
큰아들 준영이가 군 기무사에서 근무를 하다가 제대하고 작은아들 준석이는 외국에서 공부를 하다가 방학으로 집에 온 지 며칠이 안 되었다.
모처럼 몇 안 되는 가족이 다 모여 1945년, 일제강점기 지옥의섬 군함도의 이야기로 무더운 여름을 낳고 있었다.

군함도는 일본 나가사키현, 남서쪽 18km 하시마, 일본의 군함을 닮아 '군함도'라 불리는 섬이다. 해저 1,000m 평균 기온 45° 이상으로 허리조차 펼 수 없는 막장에서 더위와 굶주림의 연속인 환경 속에서 조선인들에게는 살아서는 나갈 수 없었던 지옥의 섬이었다.
"한 사람이라도 살믄 우리가 이기는 거여."
갖은 고초를 겪은 강인한 조선의 여인 '말년'의 그 말은 그 영화를 보면서 우리 가족, 준영이 준석이 그리고 수금 씨 모두가 어떠한 어려운 환경 속에서도 몸부림치며 열심히 살아야겠다는 다짐을 갖게 하는 것 같다.

2017년 7월 30일 영등포 타임스퀘어, 그곳에서 가족이 저녁을 즐기며 무더운 여름 시원한 영화관 스크린을 보며 휴일을 보냈다.

2017.07.31

영화를 보며 가족의 화목을 다졌던 시간.

매트릭스는 잊어라 〈이퀼리브리엄〉

태풍 바비가 지나가고 마이삭이 지나간 뒤, 화창한 가을 날씨를 기대하여 보았지만, 바로 하이선이 우리 곁을 또 지나가고 있었다. 많은 수재민에게 인명피해를 입히고 재산의 피해를 남기고 간 태풍은 언제 그랬냐는 듯 고요한 가운데 화창한 가을 날씨를 맞이했다.

지금도 코로나19로 2.5단계의 사회적 거리를 두고 보이지 않는 마음의 거리까지 두고 있는 힘든 시기로서 가을, 다가올 추석의 설 명절 앞에 그 어려움은 더해지는 것 같다.

연일 계속되는 태풍에 음성 대소공단의 한 업체와 체결되었던 '환경설비 개선공사'의 공사 기간도 예정 준공기일보다 3~4일 늦게 완료되어 생산을 시작하면서 정상적인 설비의 운전을 시작하게 되었다. 토, 일요일 휴일도 없이 현장에서 수고하는 직원들의 노고에 감사함을 전하며 모처럼 오후에는 집에서 T.V를 보게 되었다.

〈이퀼리브리엄(Equilibrium)〉 : 마음의 평정, 평형
2002년 미국 커트위머 감독의 영화작품이다. 사형선고보다 더 잔인한 감정유발 죄, 2003년 한국에서는 〈매트릭스는 잊어라〉로 카피 상영되기도 한 영화이다.
가상의 전 세계적인 대규모 무력 분쟁인 3차 대전 이후 지구에는 〈리브리아〉라는 새로운 세계를 배경으로 만든 영화이기도 하다. 총사령관이라고 불리는 독

재자의 통치하에, 전 국민은 '프로지움'이라는 약물에 의하여 통제되고, 이 약물을 정기적으로 투약함으로써 온 국민은 사랑, 증오, 분노 등의 어떠한 감정도 느끼지 못하게 되는 상황으로 독재가 시작된다.

'리브리아'에서 철저히 전사로 양성된 특수요원들은 '프로지움'의 투약을 거부하고 인간의 다양한 감정들을 느끼며 살아가는 반역자들을 제거하며, 책, 예술, 음악. 등에 관련된 모든 금지자료를 색출하여 관련자들을 제거, 숙청하는 임무를 맡고 있다. 또한 약을 거부하는 사람들을 통제하고, 사무라이처럼 전투를 위한 고도의 훈련을 받은 특별 경찰들이 투입되어 그들을 추적 감시를 하게 된다. 지금까지 '리브리아'의 이 시스템의 유용성을 믿으며, 당국의 고위 관리를 지낸 존 프레스톤(크리스찬 베일)은 이 시스템을 유지하기 위해 고도의 훈련을 받은 "클레릭"이었다.

존 프레스턴은 이러한 일련의 규제에 저항하는 반체제 인물 제거의 임무를 맡은 정부 최고의 요원으로, 정부의 신임을 두텁게 받아 왔지만, 동료의 자살, 아내의 숙청 등으로 인해 괴로운 감정에 휩싸이고, '프로지움'의 투약을 중단하며 서서히 통제됐던 감정을 경험하게 되면서 '리브리아'의 독재에 반기를 들며 자유를 찾아 싸우게 된다.

〈이퀄리브리엄〉에서 특정 집단 또는 사회를 통하여 잃어버린 인간의 감정을 되찾기 위해 인간 스스로가 투쟁하는 모습은 현재 또는 미래에 충분히 있을 수 있는 주제로, 집단 혹은 독재주의의 위험함을 너무나 잘 보여주고 있는 영화가 아닌가 싶다.

어느 한 편으론 감정을 느끼고 싶어 하는 한 인간의 슬프고도 처연한 모습에 관객은 각 인물에게서 연민의 감정을 느끼게 된다. 주인공 존 프레스톤이 생애 처음 베토벤의 음악을 들으면서 눈물을 흘리는 장면, 공공건물의 계단을 올라가면서 여러 사람의 손이 스쳤던 난간의 감촉을 느껴보는 장면, 사랑하는 여자의 죽음을 보고 복받치는 감정을 억제하지 못하고 쓰러져 흐느끼는 장면, 도살시키는 가축들을 보며 측은한 감정을 느끼지만, 그 감정조차 숨죽이는 장면, 텅 빈 침대에 누워 죽은 아내를 그리워해 고독을 씹으며 괴로워하는 장면, 누군가를 사랑하게 됐지만, 욕망을 끌어안아야만 하는 장면, 이런 감성적인 장면들이 있기에 〈이퀼리브리엄〉에서 관객에게 진한 감동을 주는 메시지는 무엇인지 느끼게 하는 요소들이 아닌가 싶다.

요즘 코로나19의 전염으로 사회적 거리두기를 비롯하여 인간의 활동에 많은 제약을 두고 또한 서로 경계하듯 마음의 거리까지 멀어지고 있는 안타까운 현실을 보고 있다. 코로나19는 중국 화난 수산물시장에서 유통되던 야생동물이 유력한 감염원으로 지목되고 있으나 야생에서 살아가는 동물들이라고 해도 서로의 서식지나 종이 달라서 자연적으로는 각각의 질병들이 단기간에 서로에게 유의미한 영향을 미치기는 어렵다고 한다.

그러나 이러한 시장에서는 종류별로 우리에 가둔 뒤 비위생적으로 도축과 유통을 병행하다 보면 각 동물에 발생한 균과 바이러스들이 다른 동물들에게 옮겨지거나 서로에게 영향을 미치게 되어 변이를 일으키기 좋은 환경으로 되지 않았나 싶다. 이러한 시장을 방문하게 되는 인간도 감염에 노출되기 좋은 환경 속에서 환경의 소중함을 망각하여 발생한 인간 스스로가 자초한 일이 아닌가 생각하게 된다.

'프로지움'이라는 인간에게 약을 투약하며 인간의 감정을 억제하며 통제를 한다고 하지만 결국에는 주인공 존 프레스톤의 감성적인 장면들로 '리브리아'의 총사령관이라고 불리는 독재자와 맞서 싸우는 그 모습은 오늘 코로나19와 맞서 싸우는 우리 국민의 모습이 아닐까 생각한다.

'리브리아'의 총사령관 독재자처럼 코로나19는 우리 일상생활에 무섭게 침투하고 있는 것이 두렵다. 〈이퀼리브리엄〉 영화의 존 프레스톤 주인공처럼 우리 국민들은 사회적 거리두기 및 2.5단계 정부 시책의 적극적인 참여로 '코로나19'라는 전염병과의 싸움에서 반드시 승리할 수 있는 전사들임을 잊지 말아야 할 것이다.

2020.08.31

건강하시고 행복하세요

참으로 하루를 25시간 보내는 것 같다. 늘 바쁜 나날이다. 게을리할 수 없는 회사일, 지역 단체장으로서 행사에 빠질 수 없는 일 등.
금일 한국자유총연맹 영등포구 대림3동 분회는 장남선 회장을 비롯 이성수 고문, 이일희 고문님 등 많은 분들이 하나가 되어 행사를 주최하였다.
독거노인 250여 분을 초청하여 어르신을 공경하면서 점심을 대접해 온 것은 년 행사로 매년 있는 일이라고 한다.
영등포본동, 도림동 각 분회에서 봉사지원이 있었고 구의회 의장을 비롯 많은 내, 외빈이 행사에 참석 많은 관심을 보였다.
영등포구 지회장으로서 뜻깊고 진정한 봉사의 뿌듯함을 만끽한 하루가 아닐 수 없다. 회원여러분 고생 많으셨습니다.

2015.04.28

댓글 보기

남권** 2015년 4월 28일 오후 07:29 ♥ 좋아요
독거노인분들과 소외된 분들을 위하여 봉사로 헌신하시는 이성진 박사님♡♡
멋지십니다^*^* 행복하시고 좋은 일들만 있으세요.

김기호 2015년 4월 28일 오후 07:44 ♥ 좋아요
뜻깊은 행사를 잘 치렀다니 대단합니다. 수고하셨습니다. 화이팅^^*

홍대유 2015년 4월 28일 오후 09:28 ♥ 좋아요
이회장, 수고했어요. 멋지고 보기 좋아요^^

Lee 2015년 6월 8일 오전 11:57 ♥ 좋아요
회장님! 화이팅!

영등포구 대림3동 분회 독거노인 봉사현장.

한반도 통일 국제 컨퍼런스

지난 3월 30일 새누리당 상임고문이신 문용자 박사의 사회로 경기 부천의 참빛교회에서 (사)북아해사랑단 이사장 김윤하 목사님과 연변/평양과학기술대 김진경 총장 국회 외교통일위원회 심윤조 의원 그리고 약 200여 명의 하객이 지켜보는 가운데 행사가 진행되었다.

이 자리에서 김 총장은 "남북의 백성들이 예수님의 절대적인 사랑으로 아무런 이유 없이 화해(Reconciliation)와 용서(Forgiveness)와 이해(Understanding)와 존경(Respect)과 감사(Thank you)로 우리 민족이 서로서로 사랑하는 사랑주의자가 되어서 이 민족의 영광을 회복하자"고 메시지를 남기셨다.

축사로 심윤조 의원은 동서독통일에 대한 과정을 상세히 소개하며 대한민국 통일의 긍정적 희망을 이야기했다. 동독 주민들은 1949년~61년까지 약 270만 명이 동독을 탈출 서독으로 주민 대이동을 막고자 1972년 40여 Km에 달하는 베를린 장벽이 건설되었다고 한다. 동, 서독 간 많은 교류에 1989년 베를린 장벽이 무너지고 90년 3월 통일을 이루게 되었다고 한다. 당시 동독의 연합당은 다수당으로서 서독이 통일을 원하는 주민들의 투표에서 93%의 찬성으로 서독의 흡수통일이 아닌 동독 국민들의 선택에 의한 통일이었다고 한다.

심 의원은 통일의 조건 3가지를 이렇게 이야기한다.

1. 국민의 지지를 받는 통일정책
2. 국제적인 지지를 받는 환경조성
3. 통일의 대상인 북한 주민들의 통일지지도

구체적으로

1. 북한에 대한 인도적지원은 계속되어야 한다.
2. 2만8천 명에 달하는 탈북민에 대한 지원
3. 대한민국 구성원으로서의 탈북민에 대한 지원은 통일에 대한 국제적인 관심을 받을 수 있다고 했다.

바쁜 하루의 일정 가운데에서도 나는 한국자유총연맹 영등포구지회장으로서 관심을 보이지 않을 수 없었다. 초대해 준 문용자 박사님에게 깊은 감사를 드린다.

2015.03.31

FC 미래축구단 발대식

평화로운 휴일의 오후 시간이다.
자유를 찾아 생사고락을 함께한 탈북민들의 축제가 있는 날이다.
FC 미래축구단 선수들의 대부분이 탈북과정에서 부모를 잃은 고아라고 한다.
그래서 자유총연맹의 허 총재님을 아버지라고 부르고 싶다고 어느 선수는 이야기했다. 눈물이 앞을 가리고 대한민국의 현실을 이들을 통해서 더욱 가까이에서 느낄 수가 있었다.
자유, 자유의 소중함을 이들은 잘 알고 있다. 그래서 우리들은 이들을 통해서 더욱 자유의 소중함과 반드시 지키고 누려야 될 자유임을 깨달아야 한다. 일일이 그들의 손을 잡았다. 똑같은 민족의 피가 흐르는 것을 느꼈다.
평화로운 휴일 60여 년 전 한국전쟁의 아픔을 되돌아본 휴일이었다.
휴일이지만 이렇듯 이들과 함께 할 수 있었음에 감사한 하루였다.

2015.03.16

UP

댓글 보기

남권** 2015년 3월 16일 오전 10:26 ♥ 좋아요
이번 주도 환하게 미소 짓는 좋은 한 주 되시고 건강하시고 행복하세요.
화이팅입니다. 회장님♡

서옥녀 2015년 3월 16일 오후 01:41 ♥ 좋아요
봄의 싱그러운 바람이 새싹들을 불러내니
새싹들은 힘차게 솟아오르고 있듯이 친구도 힘껏 펴고
활기차게 한 주를 시작하시길... 화이팅!

통일의 주역 탈북민 FC 미래축구단.

한국자총 영등포구 지회의 땀방울

서울시 25개 구 가운데 영등포구지회의 활동이 두드러지게 나타나고 있다. 침체한 지난 시간을 돌이켜 볼 때 회의적인 시각으로 영등포구지회의 회장 취임을 반대했던 분들이 참으로 많았던 것이 사실이다.

회장인 이성진 개인의 평가에 앞서 39만 구민의 명예와 자존심이 걸린 일이 아닐 수 없다. 본부에서 실시하고 있는 몇 가지 사업 가운데 순 국산 자본으로 설립된 회사의 제품 병뚜껑을 수집하여 그 비용으로 장학금을 지원하는 사업이다.

오늘 아침 일찍부터 영등포구지회 사무실에 오셔서 열심히 도와주신 분이 계셔서 고마운 마음을 글로 남기고자 한다. 윤금화 여성회장님과 본동 회원님, 주미옥 회장님 이하 여성회원 여러분께 감사드린다.

〈병뚜껑 수거 집계 통계〉

영등포 본동 : 10통

대림3동 : 19통

도림동 : 37통

동별로 병뚜껑 수거 실적을 공정하게 집계해서 관리하고, 연말 평가대회에 시상하도록 하겠습니다.

2015.02.27

장학기금 마련 병뚜겅 모으기 운동 영등포구지회.

통일선봉대 연말평가대회

지난 11월 11일 영등포구 관내에 있는 My Way 음악실에서 '사랑은 100℃ 장학기금 마련 일일찻집' 행사가 있었다.

영등포 관내에 불우하고 근면 성실한 중·고·대학생을 선발하여 5년째 이성진이라는 이름으로 장학금을 전달해 온 뜻깊은 행사로서 '한국자유총연맹 영등포구지회' 지회장 이름으로 장학금 전달은 처음인 듯싶다.

지회장으로 취임을 한 지 만 2년이 되는 날이다.

임기 1년을 앞두고 힘든 가운데 치러진 큰 행사로서 영등포구청장 및 구의회 의장님을 모시고 내·외빈 약 300여 분이 지켜보는 가운데 영등포구지회 지난 1년 동안의 발자취를 평가하는 자리에 15명의 장학생에게 장학금을 전달하게 된 것이다.

서울시 25개 구 지회 가운데 영등포구 대림3동은 서울시 434개 동 분회 가운데 최우수 1등을 차지하는 영광을 안았다.

지금은 경제적 및 사회적 환경이 매우 어려운 시기이다. 물론 나도 예외는 아니다. 운영하던 사업체를 두고 멀리서 힘든 직장생활을 하고 있다. 어렵고 힘든 시기이지만 늘 그랬듯이 명예롭게 임기를 마치고 싶다.

내가 힘들어했던 학창 시절만큼 사회에 빛과 소금이 될 장학생들을 보면 오히려 내가 힘을 얻는다.

오늘 행사에 참석하여 주신 구청장, 의장님 그리고 많은 내외빈 여러분에게 감사를 드린다. 또한, 서울시 이학용 지부장을 대신하여 축사를 대신하여 주신 강동구 이국순 지회장님께도 감사를 드린다.

2016.12.13

통일선봉대 출범식 및 연말평가대회.

이성진 ♡ 김수금

"두사람이 하나되는 날" 12월 22일 결혼 25주년 많은 일들이 있었지만 당신께 항상 감사하고, 고맙고. 미안하고 사랑합니다.

살다 때론 버거워지면 넉넉한 마음과 가슴으로 받아주고 편안한 마음을 가질수 있도록 해주는 당신!!!

25년 살아온 보람이면 살아갈 이유가 되어 서로 믿고 의지하고 삶의 행복을 만들면 살아가고 있습니다.

앞으로 절대로 조급하지 않고 순리대로 다만 성실하게 살면서 이 작은 가슴 가득이 행복한 느낌을 채워가면서 이것들을 보석보다 아름답고 귀중한 우리들의 추억과 재산이라고 생각하고 우리만 아는 따뜻한 마음과 미소를 서로 건네 주면서 진실한 마음으로 보듬어 주고 챙겨 주며 지금까지 살아온 시간 보다 더 오래 한 30년 아름다운 삶을 살아 갑시다.

사랑하는 황제폐하

우리가 부부로써 인연을 맺은지가 벌써 26년이 되었습니다.

서로 든든한 마음의 버팀목 처럼 조금은 부족하고 모자란 듯 해도 서로의 행복과 안녕을 지켜 줄 수 있는 깊은 이해와 배려의 힘으로 우리 가정을 위해 헌신해 주신 "당신" 고맙고 감사하고 사랑합니다.

당진에 내려 간지도 벌써 한달이 다 되어 갑니다.

외로움을 많이 타시는 황제폐하 환경도 좋지 않고 힘들고 불편함도 많지만 가족을 위해 다 감수하시고 새벽마다 축 처진 어깨 지친 발걸음으로 출근하는 당신을 생각하면 마음이 짠하고 미안할 뿐입니다.

그리고 나만 호텔보다 더 편안한 집에서 잘 지내고 있는것 같아 마음이 아파요.

매일 새벽 당신의 메세지는 즐거운 하루가되고 행복의 근원이 되고......

난 참 복을 많이 받은 사람인것 같습니다.

황제폐하 삶의 이유는 누구나 행복이므로 사알짝 힘들고 외로우시더라도 우리 함께 힘내요!!!

당신 덕분에 난 지금 행복합니다.

2016 12. 22

아내 김수금

행복한 우리집은 우리 아이들을 황태자라고 부르고, 남편을 황제폐하라고 부르는 사람이 있습니다.

이 세상에 태어난지 54년의 세월이 흘렀지만, 그 사람을 만나 함께한 세월은 벌써 28년이 되어 갑니다.
그러니까 지금까지 그렇게 부르며 행복한 우리집을 만들어온 그 사람은 진정 우리집의 황후마마가 아닐 수 없습니
그 사람, 우리집을 살게하고 어려운 살림을 이끌어온 황후마마 !
오늘 김수금 황후의 생일을 맞이하였습니다.

정말로 축하하고 함께 기뻐합니다 !
황제폐하가 어렵고 힘들 때, 탄핵을 당해야 할 어려운 환경속에서도 굳건히 우리집을 지켜준 당당한 사람 !
오늘 행복한 날이기에 하루만이라도 웃음을 잃지 않고 행복해하는 당신의 모습을 떠올리며 당신을 지켜보는 모든
들과 함께 축하의 박수를 보내 드립니다
"생일을 진심으로 축하드립니다."
그리고 "당신을 영원히 사랑합니다."

건강한 몸(身)에 힘(力.)이 있어야 하듯이.......
마음(心)에도 힘이 있어야 건강(健康) 할 수 있습니다.
몸은 음식(飮食)으로 힘을 얻습니다만, 마음은 생각(思)으로 힘을 얻습니다

좋은 생각, 바른생각은 마음의 힘이 되는 영양분입니다
사랑과 감사, 열정과 용기, 정직과 성실, 용서와 화해는 우리의 마음을 풍성하게 하고
건강을 지켜 줄 것입니다.
몸이 건강하고 마음이 풍요롭고, 가정이 행복하다면 그것이 내가 바라고 황후가 바라는 일이 아닌가 싶습니다.

끝으로 <예쁜눈, 예쁜마음>이라는 詩를 들려 드립니다

귀에 들린다고 생각에 담지 말고
눈에 보인다고 마음에 담지 말라
담아서 상처가 되는 것은 흘려 버리고, 담아서 더러워 지는 것은 쳐다보지도 마라
좋은 것만 마음에 가져올수는 없지만, 마음을 아프게 하는 것들은 지워버려라
귀에 거슬린다고 귀를 막아버리지 말고, 마음을 아프게 한다고 눈을 감지 말라
귀를 열어 놓아야 노래를 부를 수 있고, 눈을 뜨고 있어야 예쁜 것들을 마음에 담을 수 있다
세상에는 슬픈일 보다 기쁜일이 더 많기에 웃으면서 사는 것이다.
얼굴엔 ~ 웃음을 / 마음엔 ~ 여유를 / 가슴엔 ~ 사랑을

다시한 번 황후의 생일을 진심으로 축하하며 ~ 황후의 사랑을 늘, 감사하게 생각하며 ~
우리집, 행복지킴이로서 황제폐하로서 축하의 글을 남기고자 합니다.

2019년 3월 13일 (음2월

참사랑 이 성 진

3월9일은 20대 대한민국의 대통령을 선출하는 날이며, 내 인생의 절반 30평생을 함께 해온 수금씨의 57회 생일을 맞이하는 날 이기도 합니다.
어느시대의 사람인지는 잘 모르지만, 〈호파〉가 거문고를 타면 물속에 있던 물고기까지 물 위에 떠올라 세상을 구경한다는 〈유어출청〉이라는 사자성어가 생각 납니다.
"선한 행동은 미물도 감동" 시킨다라는 말이 있듯이 ... 착한마음, 항상 웃음을 잃지 않는 당신의 작은미소와 따스한 손 길은 내게 큰 힘이 되어 나 자신을 바꾸고, 우리 가정의 행복의 씨앗이 되고, 세상을 구경하며 세상을 바꾸고자 하는 꿈을 만들어 준 것 같습니다.
벌써, 준영이가 29세 그리고 준석이가 27세 이니 이제 장가갈 나이에 접어든 두 아이의 엄마로서, 또한 환갑을 맞이하는 가장의 아내로서, 그동안 얼마나 수고를 아끼지 않고 삶을 희생하며 살아 왔는지 잘 알고 있습니다.
고맙습니다.
감사합니다 그리고 사랑합니다 !
대한민국의 제20대 대통령을 선출하는 날 ~ 앞으로 5년 동안 우리나라의 살림을 이끌어 갈 중요한 사람을 뽑는 날인 만큼, 수금씨의 생일날에 우린 투표장을 다녀 왔습니다.
더불어 우리 가정과 죽음 저편까지 내 인생의 동무가 되어 줄 황후의 바램을 잘 알고 있습니다. 앞으로 5년이 아니라 50년의 생일을 함께 할 수 있다는 마음으로 오늘 당신의 생일을 맞이하여 내 마음의 한 표를 당신에게 더하여 드립니다.
황후 !
앞으로 우린 이렇게 살아 갑시다
누가 나비를 보고 벌이라 해도 나비인줄 알면 될 일 ~~
굳이 아니라고 이야기 할 필요가 없습니다.

자연의 바람에게 길을 물어 보면 네 멋 대로 ~
자연을 거슬리지 말고 자연스럽게 떠나 가라고 합니다.
그렇게 나비를 보면서, 바람을 맞이 하면서
오염되지 않은 자연 속에 황후와 함께 전원 속에 살고 싶습니다.
2022년 임인년 그 꿈을(전원주택~ ㅋ) 만들어 보여 드리겠습니다
그곳에서 가끔씩 인생을 뒤돌아보며, 긴 ~ 안도와 휴식의 시간을 가져보렵니다.

30평생 함께 내 곁을 지키고, 가정을 지켜온 수금씨의 생일을 다시한번 축하를 드리며
오늘 하루도 이 세상 모든 것은 바로 당신 것입니다.

2022년 3월 9일 (음2월7일)

행복한가정지킴이 이 성 진 드림

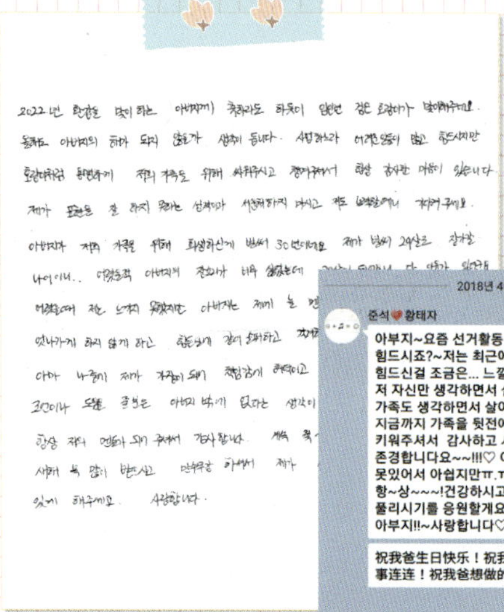

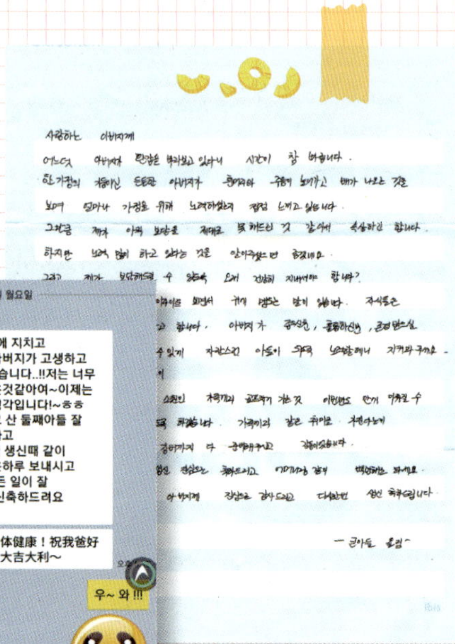

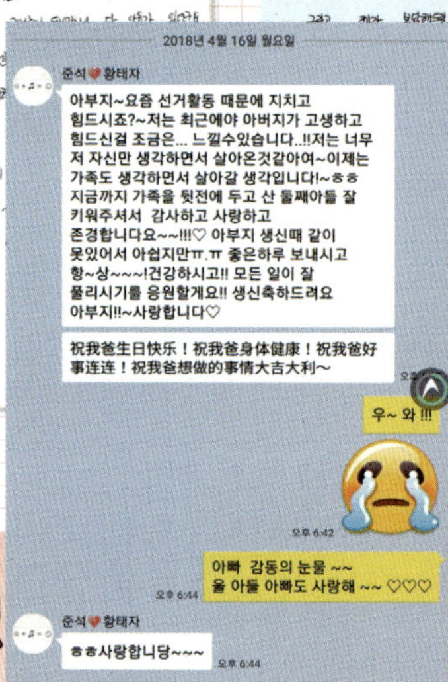

2018년 4월 16일 월요일

준석♥황태자

아부지~요즘 선거활동 때문에 지치고 힘드시죠?~저는 최근에야 아버지가 고생하고 힘드신걸 조금은... 느낄수있습니다..!!저는 너무 저 자신만 생각하면서 살아온것같아여~이제는 가족도 생각하면서 살아갈 생각입니다!~ㅎㅎ 지금까지 가족을 뒷전에 두고 산 둘째아들 잘 키워주셔서 감사하고 사랑하고 존경합니다요~~!!!♡ 아부지 생신때 같이 못있어서 아쉽지만ㅠ.ㅠ 좋은하루 보내시고 항~상~~~!건강하시고!! 모든 일이 잘 풀리시기를 응원할게요!! 생신축하드려요 아부지!!~사랑합니다♡

祝我爸生日快乐！祝我爸身体健康！祝我爸好事连连！祝我爸想做的事情大吉大利~

우~ 와 !!!

오후 6:42

아빠 감동의 눈물 ~~
울 아들 아빠도 사랑해 ~~ ♡♡♡

오후 6:44

준석♥황태자

ㅎㅎ사랑합니당~~~

오후 6:44

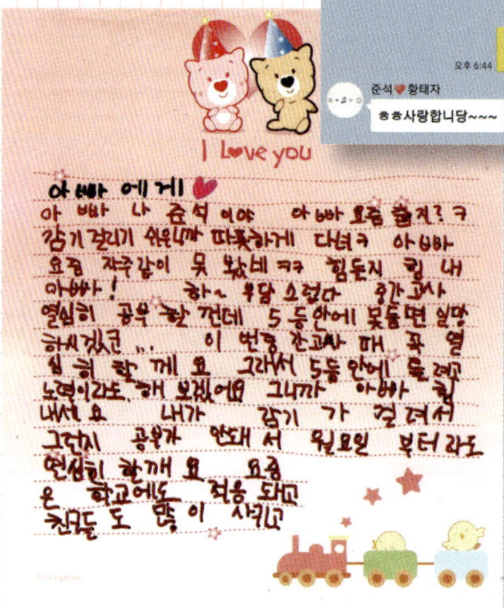

I love you

아빠 에게♥
아빠 나 준석이야 아빠 요즘 춥지? ㅋ
감기 걸리기 쉬우니까 따뜻하게 다녀ㅋ 아빠
요즘 자주같이 못 놀았네 ㅋㅋ 힘들지 힘 내
아빠! 하~ 부담스럽다 중간고사
열심히 공부 할 껀데 5등안에 못들면 실망
하시겠군... 이 번 중간고사 때 꼭 열
심히 할께요 그래서 5등 안에 들려고
노력이라도 해 보겠어요 그니까 아빠 힘
내세요 내가 감기 가 걸려서
그런지 공부가 안돼서 월요일 부터라도
열심히 할께요 요즘
은 학교에도 적응 되고
친구들도 많이 사귀고

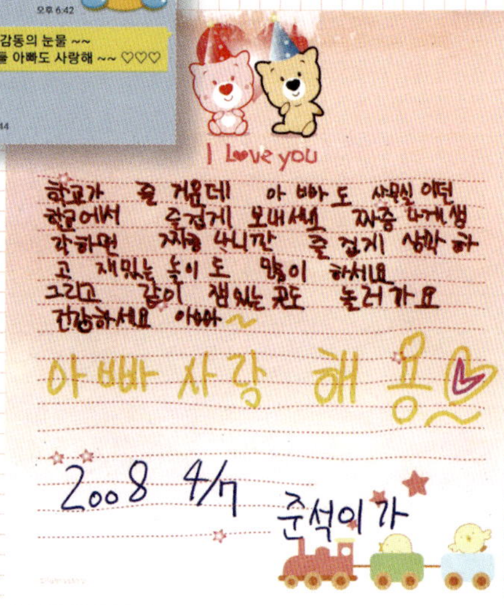

I love you

학교가 좀 커요! 아빠도 사무실 이런
학교에서 즐겁게 보내세요 짜증 나게 생
각하면 짜증 나니깐 즐겁게 생각 하
고 재밌는 놀이도 많이 하세요
그리고 같이 재밌는 곳도 놀러가요
건강하세요 아빠~
아빠 사랑 해 용
2008 4/7
준석이가